LE PAYS
DES
AMOURS

PAR
MAXIMILIEN PERRIN

auteur de

Mademoiselle de la Rigolboche, les Coureurs d'Amourettes, un Ami de ma Femme, les Folies de Jeunesse, la Fille du Gondolier, l'Amour à la Campagne, la Belle de Nuit, la Famille du Mauvais Sujet, le Trouble ménage, le Débardeur, Cœur de Lièvre, François les Bas bleus, l'Autel et le Théâtre.

(Entièrement inédit.)

III

PARIS
L. DE POTTER, LIBRAIRE-ÉDITEUR
RUE FONTAINE MOLIÈRE, 27.

LE
PAYS DES AMOURS

NOUVEAUTÉS EN LECTURE
DANS TOUS LES CABINETS LITTÉRAIRES.

Les trois Fiancées, par Emmanuel GONZALÈS. 3 vol. in-8.
Les Marionnettes du Diable, par X. DE MONTÉPIN, 6 vol. in-8.
Le Diamant du Commandeur, par PONSON DU TERRAIL. 4 vol.
Le Douanier de mer, par ÉLIE BERTHET, 5 vol. in-8.
Mlle de la Rigolboche, par Maximilien PERRIN. 4 vol. in-8.
Morte et Vivante, par Henry de KOCK. 3 vol. in-8.
Daniel le laboureur, par Clémence ROBERT. 4 vol. in-8.
Les grands danseurs du roi, par Ch. RABOU. 3 vol. in-8.
Le Pays des Amours, par Maximilien PERRIN. 3 vol. in-8.
La jeunesse du roi Henri, par PONSON DU TERRAIL. 6 vol in-8.
L'Amour au bivouac, par A. DE GONDRECOURT. 5 vol. in-8.
Les Princes de Maquenoise, par H. de SAINT-GEORGES, 6 v. in-8.
Le Cordonnier de la rue de la Lune, par Théod. ANNE. 4 v. in-8.
La Belle aux yeux d'or, par la comtesse DASH, 3 vol. in-8.
La Revanche de Baccarat, par PONSON DU TERRAIL. 6 vol. in-8.
Le Roi des gueux, par Paul FÉVAL, 6 vol. in-8.
Une Femme à trois visages, par Ch. Paul de KOCK, 6 vol. in-8.
Une Existence Parisienne, par Mme de BAWR, 3 vol. in-8.
Les Yeux de ma tante, par Eugène SCRIBE. 6 vol. in-8.
Les Exploits de Rocambole, par PONSON DU TERRAIL. 8 vol. in-8.
Le Bonhomme Nock, par A. de GONDRECOURT. 6 vol. in-8.
Le Vagabond, par E. ENAULT et L. JUDICIS. 4 vol. in-8.
Les Ruines de Paris, par Charles MONSELET. 4 vol. in-8.
Les Viveurs de Province, par Xavier de MONTEPIN. 6 vol. in-8.
Les Coureurs d'Amourettes, par Maximilien PERRIN. 3 vol. in-8.
La dame au gant noir, par PONSON DU TERRAIL. 8 vol. in-8.
Les Émigrants, par Elie BERTHET. 5 vol. in-8.
Les Cheveux de la reine, par madame la comtesse DASH 3 vol. in-8.
La Rose Blanche, par Auguste MAQUET, 3 vol. in-8.
La Maison Rose, par Xavier DE MONTÉPIN, 6 vol. in-8.
Le club des Valets de Cœur, par PONSON DU TERRAIL, 8 vol. in-8.
Monsieur Chérami, par Ch. PAUL DE KOCK, 5 vol. in-8.
L'Envers et l'Endroit, par Auguste MAQUET. 4 vol. in-8.
Le Prix du sang, par A. DE GONDRECOURT. 5 vol. in-8.
Nena-Sahib, par Clémence ROBERT. 3 vol. in-8.
La Reine de Paris, par Théodore ANNE. 3 vol. in-8.
Un ami de ma femme, par Maximilien PERRIN. 3 vol. in-8.
La Maison mystérieuse, par mad. la comtesse DASH. 4 vol. in-8.
Le Bossu, aventures de cape et d'épée, par Paul FÉVAL. 5 vol. in-8.
La Bête du Gévaudan, par Élie BERTHET. 5 vol. in-8.
Les Spadassins de l'Opéra, par PONSON DU TERRAIL. 8 vol. in-8.
Le Filleul d'Amadis, par Eugène SCRIBE. 3 vol. in-8.
Les Folies d'un grand Seigneur, par Ch. MONSELET. 4 v. in-8.
La Vieille Fille, par A. DE GONDRECOURT. 4 vol. in-8.
Le Masque d'Acier, par Théodore ANNE. 4 vol. in-8.
Le Juif de Gand, par Constant GUÉROULT, auteur de *Roquevert l'Arquebusier*. 4 vol. in-8.
La Princesse Russe, par Emmanuel GONZALÈS. 2 vol. in-8.
La Fille Sanglante, par Charles RABOU. 4 vol. in-8.
La Belle Provençale, par le vicomte PONSON DU TERRAIL. 6 v. in-8.
Le Tigre de Tanger, par Paul DUPLESSIS, et A. Longin. 5 v. in-8.
Le Médecin des Voleurs, par Henry de KOCK. 4 vol. in-8.
Pour la suite des Nouveautés, demander le Catalogue général qui se distribue gratis.

LE PAYS
DES
AMOURS

PAR

MAXIMILIEN PERRIN

auteur de

Mademoiselle de la Rigolboche, les Coureurs d'Amourettes, un Ami de ma Femme, les Folies de Jeunesse, la Fille du Gondolier, l'Amour à la Campagne, la Belle de Nuit, la Famille du Mauvais Sujet, le Trouble ménage, le Débardeur, Cœur de Lièvre, François les Bas bleus, l'Autel et le Théâtre.

(Entièrement inédit.)

III

PARIS

L. DE POTTER, LIBRAIRE-ÉDITEUR

RUE FONTAINE MOLIÈRE, 27.

Droits de traduction et de reproduction réservés.

1860

LES MARIONNETTES DU DIABLE

PAR
XAVIER DE MONTÉPIN.

Annoncer un nouveau roman de l'auteur des *Viveurs de Paris*, des *Viveurs de Province*, et de la *Maison Rose*, c'est annoncer un nouveau succès. — L'immense popularité du jeune et brillant écrivain grandit chaque jour et son nom prend place désormais à côté de ceux de Balzac, de Soulié, de Sand et de Dumas.

Les *Marionnettes du Diable*, nous le croyons fermement, dépasseront la vogue méritée de tous les autres livres du même auteur. — Jamais en effet l'imagination puissante et dramatique qui a créé tant de types étranges et de situations émouvantes, n'a plus solidement tissu la trame vigoureuse d'un roman saisissant, passionné, bizarre, où des aventures d'une incroyable originalité se succèdent et s'enchaînent de façon à tenir le lecteur haletant de curiosité et d'émotion depuis la première page jusqu'à la dernière. — L'intérêt, poussé jusqu'à ses plus extrêmes limites, ne languit pas un instant, et, par un heureux mélange, le rire se mêle aux larmes et la gaîté à la terreur.

Malgré son titre, le roman les *Marionnettes du Diable*, n'est pas fantastique. — Le prologue seul se passe dans le royaume de Satan. — Les marionnettes sont des hommes, et les ficelles à l'aide desquelles le Diable les fait mouvoir à sa guise, on le devine, ce sont les passions. — Avec une telle donnée le romancier devait faire un chef-d'œuvre. — Les lecteurs jugeront bien qu'il n'a point faibli à cette tâche.

LES ÉMIGRANTS

PAR
ELIE BERTHET.

Parmi les romanciers les plus estimés de notre époque, M. Elie Berthet a su conquérir une place à part. Ses ouvrages, pleins de naturel, de vérité, de bon sens, paraissent être plutôt des histoires que des romans. Il ne donne pas dans le travers de certains autres écrivains en vogue, qui, à force de complications, d'événements bizarres et impossibles, arrivent à produire des œuvres aussi obscures, aussi peu intelligibles que déraisonnables. Sa manière est celle du grand romancier anglais Walter Scott, auquel on l'a comparé plusieurs fois; et, comme Walter Scott, tous ses ouvrages sont frappés au coin d'une moralité rigoureuse. Sans écarter les passions violentes, les fautes, les crimes qui existent dans la société humaine, et qui sont un des éléments de l'intérêt dramatique, il ne manque jamais de les blâmer et de les flétrir. Aussi l'appelle-t-on le *romancier des familles*, et, en effet, tout le monde peut lire ses ouvrages, sans crainte de se souiller l'imagination, d'altérer son sens moral ou de s'endurcir le cœur.

Ces qualités de M. Elie Berthet sont surtout apparentes dans le beau roman *les Émigrants*, que nous publions aujourd'hui. L'histoire est si simple, si vraie, si touchante, qu'elle semble réelle, et l'on croirait que le romancier a reçu les confidences de quelques-unes de ces pauvres familles qui abandonnent leur sol natal pour aller chercher au loin une vie plus douce et plus prospère. Les causes ordinaires de l'émigration, les fatigues et les dangers auxquels s'exposent les émigrants, leurs illusions naïves, leurs mécomptes, et souvent les catastrophes auxquelles ils succombent, sont exposés avec une grande puissance et avec le plus vif intérêt. Aussi ne doutons-nous pas que le nouvel ouvrage de l'auteur des *Catacombes de Paris*, des *Chauffeurs*, du *Garde-Chasse* et de tant d'autres romans qui ont mérité la faveur du public, n'obtienne en librairie un immense succès.

CHAPITRE PREMIER.

I.

Madeleine en écoutant parler ainsi et en rencontrant une effrayante analogie entre ses amours et celles de cette paysanne dont l'entretenait l'inconnu, sentait tressaillir son cœur d'épouvante.

— Heureusement, reprit le vieillard, que j'ai su mettre ordre à tout cela et punir cette fille de rien comme elle méritait de l'être. Oh ! elle paie chèrement aujourd'hui les chagrins qu'elle m'a causés.

— Juste ciel, s'écria Madeleine en elle-même, serait-il possible qu'un funeste hasard me livrât au pouvoir de mon ennemi, de l'oncle inflexible de mon amant ?

Madeleine, à cette pensée, palit jusqu'au fond du cœur, mais, faisant un effort dont l'amour de la liberté était seul capable, elle prit sur elle de si bien dissimuler qu'elle ne pourrait être soupçonnée d'être cette paysanne qu'il maudissait.

— Mais, monsieur, reprit notre héroïne en s'efforçant de donner du calme à sa voix, quelle peine votre ressentiment a-t-il donc infligée à cette fille ?

— Celle d'être par mon ordre enfermée dans un couvent, où elle sera forcée de se faire religieuse.

— Grand Dieu! quelle sévérité! s'écria Madeleine qui ne pouvait plus se dissimuler que ce fût d'elle dont il était question.

— J'en conviens, reprit le comte de Charly, car c'était lui-même, mais il s'agissait, mademoiselle, de me débarrasser de cette Madeleine dont mon coquin de neveu ne parlait de rien moins que d'en faire sa femme.

— Mais, monsieur, reprit la jeune fille, chez laquelle la colère se mêlait à la crainte, vous me permettrez de vous dire que vous me donnez en ce moment une bien mauvaise opinion de monsieur votre neveu ; est-il possible qu'étant né ce qu'il est, il se soit livré avec autant de vivacité à une personne aussi méprisable que celle que vous me dépaignez ? On a beau dire que tout plaît dans l'objet qu'on aime. Je conçois que cette maxime a lieu pour les charmes physiques, mais je ne l'adopte pas pour les défauts moraux ; il me semble, du moins, qu'il doit en être ainsi, et que le bons sens pèse les bonnes et mauvaises qualités ; or il est assez présumable que monsieur votre neveu en a reconnu quelques-unes des premières à cette Madeleine.

— Ce que vous venez de me dire est fort judicieux, mademoiselle, et j'ai un instant pensé que la passion que cette fille a su inspirer au cœur de mon neveu s'était allumée aux rayons de quelques bonnes qualités ; mais, hélas ! je fus bien vite détrompé par le bruit de la scandaleuse conduite qu'elle menait et qui a soulevé contre elle l'indignation de tous les honnêtes gens du pays.

— Ce que je voudrais savoir, monsieur, reprit Madeleine en regardant fixement le comte, c'est si vous connaissez cette fille, et si par hasard des méchants et des jaloux ne l'auraient pas indignement calomniée auprès de vous?

— Non, je n'ai jamais vu cette fille, mais mademoiselle de Bracieux, dont la mère avait daigné la recueillir, m'en a fait le portrait en me mettant au fait de la manière d'agir de cette intrigante et ambitieuse créature, laquelle demoiselle de Bracieux regrettera longtemps, par les chagrins qu'elle a occasionnés à toute sa famille, la charité dont sa mère a usé envers elle.

— Mais, monsieur, la jalousie ne peut-elle s'être mêlée à tout cela ? Cette demoiselle de Bracieux qui vous a prévenue contre cette Madeleine est peut-être jeune, monsieur votre neveu est aimable, sans doute, serait-il surprenant qu'elle l'aimât et que, s'en voyant préférer une autre, elle n'ait pas cherché à se venger d'une rivale ?

— J'ai une trop bonne opinion de mademoiselle de Bracieux pour penser qu'elle eût voulu me tromper en calomniant une fille innocente. Mais c'est assez, je pense, nous entretenir de mes chagrins et de la misérable fille qui en est la cause, et me vois en la nécessité, mademoiselle, de vous adresser mes sincères excuses sur l'ennui qu'ont dû vous occasionner toutes ces choses qui vous sont étrangères, et maintenant parlons de votre gracieuse personne, sujet charmant dont je n'aurais pas dû m'écarter. Allons, confiance pour confiance, je me suis révélé à vous, à votre tour, veuillez m'apprendre qui vous êtes.

— Fort peu de chose, monsieur, reprit Madeleine, rien qu'une fille du peuple, orpheline, à qui Sa Majesté le roi de France daigne accorder une modeste pension pour exister, en récompense d'un service rendu jadis à l'État par son père, répondit hardiment Madeleine.

— Quoi! jeune et belle comme vous l'êtes, vivriez-vous seule ?

— Oui, monsieur, avec une jeune servante qui m'est entièrement dévouée ?

— Mais cet isolement, ce manque de

protecteur pour en imposer aux entreprises hardies des jeunes galants que votre beauté doit attirer sur vos pas, vous fait une position des plus dangereuses, observa le comte.

— Monsieur, une fille telle que moi, qui a juré de ne jamais s'écarter du sentier de l'honneur, et par prudence, vit ainsi que je le fais, dans la retraite et le silence, n'a rien à redouter des entreprises qu'on tenterait vainement contre son honneur.

Allons, je vois que vous êtes une personne accomplie et comme les gens de cette qualité ont droit à mon estime, permettez-moi, mademoiselle, d'être de vos amis en tout bien tout honneur, j'entends.

Madeleine, fort embarrassée de répondre à cette demande, demeura un instant silencieuse, aussi voyant cette hésitation le comte s'empressa-t-il de reprendre en ces termes :

— Quoi, me refuseriez-vous la faveur que je vous demande? seriez-vous assez cruelle pour refuser au comte de Charly la permission de devenir votre ami, votre conseil et votre protecteur ?

— Non, monsieur, car il y aurait folie, impolitesse de ma part à repousser un aussi grand honneur, et si l'un de nous doit craindre en contractant une pareille alliance, ce ne peut être que la simple fille dont l'ignorance des usages du monde, l'esprit peu cultivé, peuvent devenir des sujets de risée et d'embarras pour une personne de votre rang, dont le cœur tout porté à l'indulgence et disposé à faire le bien, s'engage peut-être témérairement au risque de s'en repentir s'il ne rencontrait en la personne à laquelle il a voué son estime, les qualités qu'il lui suppose.

— Oh ! ne me jugez point aussi facile, mademoiselle, et, si aujourd'hui je m'intéresse à vous, c'est que non-seulement prévenu favorablement par votre beauté et vos grâces, je suis certain, après vous avoir écouté attentivement, d'avoir rencontré en vous l'assemblage de toutes les qualités de l'âme..... Quel est votre nom, mademoiselle ?

— ....Henriette, monsieur le comte.

— Eh bien, mademoiselle Henriette, lorsque nous nous connaîtrons mieux, nous aviserons ensemble au moyen de vous rendre la plus heureuse des femmes. Maintenant, permettez-moi de vous quitter, car auprès de vous j'ai facilement oublié la marche du temps et que le roi m'attend ce soir à onze heures à son château... Adieu donc, mademoiselle, et à bientôt, termina le comte en saluant Madeleine dont-il baisa respectueusement la main pour se retirer ensuite.

— Je suis perdue, mon Dieu, si vous ne daignez venir à mon secours, s'écria Madeleine éplorée en rentrant après avoir été reconduire le comte jusqu'à la porte de la chambre.

Cet homme d'un instant à l'autre apprendra que je suis cette fille qu'il déteste, alors, malheur à moi sur qui il fera tomber de nouveau tout le poids de sa haine. Que faire? quoi devenir? comment échapper au danger qui me menace? Oh! de Vardes! où êtes-vous en ce moment où votre amie a tant besoin de vos conseils et de votre secours?

Oui, je dois fuir ; la raison, ma sûreté

me l'ordonnent! Mais où me cacher ? comment prévenir le marquis de ma fuite ? du lieu où je me serais réfugiée... Mon Dieu, mon Dieu, inspirez-moi en ce moment, sauvez-moi de la haine de mon persécuteur !

Madeleine après cette prière, se mit à réfléchir, à se demander si elle ferait bien d'aller demander asile et protection à la baronne de Brias, à cette amie généreuse qui s'empresserait de la cacher chez elle.

Pensant qu'elle n'avait rien de mieux à faire, notre jeune fille adopta ce projet et décida qu'elle se mettrait en route le lendemain matin.

Madeleine, ainsi décidée, se jeta tout habillée sur son lit, en l'espoir que le sommeil, en fermant sa paupière, lui procurerait un instant de calme. Mais, dévorée par l'inquiétude, ce fut en vain qu'elle attendit ce repos si nécessaire, car l'effroi et les plus sinistres pensées la tinrent éveillée la nuit entière.

CHAPITRE DEUXIÈME.

II

A peine le jour avait-il paru, que Madeleine se jeta en bas de son lit. Mais, après avoir réfléchi qu'il paraîtrait étrange aux gens de l'auberge de la voir sortir d'aussi grand matin, elle se résigna à attendre, malgré l'impatience où elle était de s'éloigner des lieux où, d'un instant à l'autre, le comte de Charly pouvait la faire arrêter et ramener au couvent, si le malheur voulait qu'il l'eût non reconnue, mais devinée au trouble que lui avaient causé la veille certaines questions qu'il lui avait adressées.

Comme la peur grossit les objets, les instants s'écoulaient pour Madeleine dans les transes les plus mortelles, lorsque le bruit qui se fit dans l'auberge, et les horloges en sonnant six heures, l'avertirent qu'il était temps de fuir.

— Madame ne déjeûne pas avant sa promenade? demanda une servante à notre jeune fille, en la voyant sortir.

— Non, au retour! répondit-elle tout en passant; puis, une fois sur la route, Madeleine se mit à courir. Elle s'arrêta brusquement, car elle venait de se demander si la route qu'elle suivait était bien celle qui devait la conduire au but qu'elle brûlait d'atteindre.

Madeleine, alors, tourna ses regards autour d'elle, puis, apercevant dans un champ une femme qui travaillait à la terre, elle s'en fut vers elle afin de se renseigner sur son chemin.

— Vous êtes sur la route, mam'zelle ! Allez toujours tout droit, et vous arriverez ! répondit la paysanne.

Madeleine se remit en route sans s'occuper des passants, qui tous regardaient comme une curiosité cette jeune fille voyageant nu-tête, en robe de soie et dentelles, qui, les yeux baissés, courait plutôt qu'elle ne marchait, sans s'apercevoir que deux cavaliers qui venaient devant elle se disposaient à lui barrer le passage.

— Parbleu, je ne me trompais pas! c'est bien elle, la belle Madeleine, ma fugitive maîtresse. Ah! parbleu, je la retrouve! et cette fois elle ne m'échappera pas.

— Joseph, il ne s'agit rien moins que de m'aider à enlever cette fille.

Ainsi disait un des cavaliers en s'adressant à son compagnon, qui paraissait être son valet.

— Je suis tout à vos ordres, monsieur le vicomte.

Et sur ce, tous deux se dirigèrent sur Madeleine, qui, au bruit des chevaux, leva la tête et poussa un cri d'effroi en reconnaissant le vicomte de Bracieux.

— Holà! la belle! où donc allez-vous ainsi?

Et comme la jeune fille, au lieu de répondre, s'empressait de fuir, de Bracieux courut après elle, puis sauta à bas de son cheval pour la saisir à bras-le-corps, l'enlever et la placer dans les bras de son valet, le temps qu'il mit à remonter à cheval.

Madeleine, en se débattant, poussait des cris, appelait à son secours.

— Eh ben! quoi donc qu' vous faites

à c'te jeunesse? s'informa un paysan qui passait à ce moment.

— Ne faites pas attention, l'ami; c'est ma sœur, une pauvre folle qui s'est échappée de notre maison, après laquelle nous courions, et que nous allons remener au logis! répondit de Bracieux.

— Au nom du ciel! ne croyez pas ce misérable qui m'impose la violence dans un but criminel, secourez-moi, sauvez-moi! s'écriait Madeleine.

Mais sans attendre la réponse du

paysan, nos deux ravisseurs s'éloignèrent au grand galop avec leur proie, puis, quittant la route, se jetèrent dans un bois.

— Chère belle, inutile de vous lamenter ainsi, résignez-vous, car désormais vous m'appartenez, et, de gré ou de force, vous deviendrez ma maîtresse.

— Homme indigne! plutôt la mort que de jamais vous appartenir, répondit Madeleine.

— Bah! phrase de roman que vous

me débitez là, chère belle, et le diable sera bien fin, cette fois, s'il vient à bout de vous tirer de mes griffes... Joseph, arrêtons-nous dans cet épais fourré, où je vais t'attendre, tandis que tu vas courir à Versailles me chercher une voiture et l'amener ici. Allons, hâtes-toi !

Le valet, sur cet ordre, partit comme l'éclair.

— Monsieur, si vous n'êtes point le plus lâche comme le plus impitoyable des hommes, vous aurez pitié d'une pauvre fille qui ne vous fit jamais de mal, et de laquelle vous vous êtes fait injustement le persécuteur. Au nom du ciel, laissez-moi libre, renoncez à vos coupables projets, et j'oublierai tout le mal que vous m'avez fait, disait Madeleine, les mains jointes, les yeux baignés de larmes, au vicomte qui riait de sa douleur, tout en fixant sur elle un regard luxurieux.

— Je t'aime, Madeleine, et tu m'appartiendras, voilà la seule réponse que je puis te faire. Sambleu! le beau malheur, pour une paysanne comme toi, quand tu deviendrais la maîtresse d'un gentilhomme tel que moi, qui te fera la vie large et joyeuse? Corne de bœuf, il me semble que je vaux bien, si ce n'est mieux, ton langoureux marquis de Vardes, ce damoiseau à l'eau de rose, auquel je me propose de brûler la cervelle s'il osait de nouveau venir me disputer ta possession; car désormais tu es à moi, bien à moi, sensible chevrière!

En terminant ces mots, de Bracieux saisit Madeleine dans ses bras, et, de force, colle ses lèvres sur les siennes, puis, enhardie par la solitude, le misérable, malgré les plaintes, les supplications de la pauvre fille, fit en sorte de la renverser sur l'herbe.

Ce fut alors que Madeleine, terrassée, voyant le danger qui la menaçait, et n'écoutant plus que l'inspiration du désespoir, s'empara d'un fort caillou, que le hasard avait placé à sa portée, et qu'elle en frappa avec force et à plusieurs reprises le vicomte à la tête, lequel poussa un soupir et s'affaissa sur la terre, où il resta étendu, entièrement privé de connaissance.

Madeleine, aussitôt qu'elle avait senti les mains du vicomte la lâcher, s'était vivement relevée pour s'enfuir à travers le bois, dont elle ne sortit qu'à la nuit, après avoir passé la journée cachée dans un épais taillis.

Voilà encore une fois notre Madedeleine perdue, sans asile, ni ne sachant de quel côté tourner ses pas, forcée d'errer seule et mourant de faim, au milieu des champs. Après avoir marché la nuit entière, et se sentant accablée de fatigue, mais certaine d'avoir mis une distance immense entre le vicomte et elle, la jeune fille, qui sentait ses jambes fléchir sous elle, se décida à frapper à la porte d'une petite auberge, située sur la route de traverse où le hasard l'avait conduite.

Madeleine, à qui les tribulations et le malheur avaient fini par donner de l'expérience et du courage, se présenta, sans hésiter, aux maîtres de l'auberge, et, pour excuser sa mise, se dit habiter Versailles et s'être égarée la veille au soir, dans une promenade dans le bois, où elle avait erré toute la nuit, en espoir de retrouver son chemin, mais qu'elle n'avait réussi qu'à s'égarer davantage. Puis elle demanda une chambre, afin de pouvoir s'y reposer quelques heures avant de retourner à la ville. La femme de l'aubergiste s'empressa de la satisfaire en la conduisant dans sa propre chambre, comme étant la plus convenable de toutes celles de la maison, puis, sur la demande de Madeleine, lui servit un bouillon et du pain, pour se retirer ensuite, après l'avoir assurée qu'elle pouvait reposer en paix, vu que sa maison était la plus tranquille et la mieux tenue de toutes celles du canton. Madeleine, restée seule, ferma la porte au verrou, prit un peu de nourriture et se posa sur le lit, où l'extrême fatigue tarda peu à lui procurer un bienfaisant sommeil.

Après quatre heures d'un paisible repos, Madeleine ouvrit la paupière, s'accouda sur l'oreiller, et se mit à réfléchir sur sa position critique et le parti le plus sûr qu'elle pourrait prendre pour s'en retirer sans avoir à courir d'autres dangers.

— En quel lieu suis-je? s'informa-telle, après avoir appelé la femme de l'aubergiste.

— Aux Morcerf, mademoiselle, deux lieues de Versailles, et une de Pont-Chartrain.

— Pont-Chartrain ! fit la jeune fille avec surprise et joie, pour ajouter aussitôt : J'ai une parente dans ce pays, madame la baronne de Brias ; ne pourriez-vous lui faire porter à l'instant même une lettre que je veux lui écrire ?

— Certes ! rien de plus facile, car mon

frère, qui a de bonnes jambes, ne demandera pas mieux que de se charger de cette commission.

Sur cette réponse, la jeune fille demanda ce qu'il lui fallait pour écrire, et s'empressa de tracer ces lignes :

— Chère bienfaitrice, votre pauvre Madeleine, seule, fugitive, et contrainte de se cacher en ce moment dans une misérable auberge, afin d'échapper à ses persécuteurs, n'a plus d'espoir qu'en votre générosité. Venez à son secours, car elle est bien malheureuse! Madeleine n'en écrivit pas davantage, elle donna sa lettre, et le messager chargé de la porter se mit aussitôt en route.

— Holà! quelqu'un pour m'aider à descendre mon maître qui s'est blessé en tombant de cheval, criait une voix sortant d'une voiture qui venait de s'arrêter à la porte de l'auberge.

L'aubergiste et sa femme s'empressèrent d'accourir et prêtèrent leur assistance pour tirer de la voiture un jeune homme dont les traits avaient la pâleur de la mort, dont la tête était enveloppée d'un linge taché de sang.

Le blessé fut porté dans une chambre et déposé sur un lit, où l'on s'empressa de lui porter secours.

Tandis qu'on s'empressait autour de cet homme, Madeleine qui, à travers la fenêtre de sa chambre, avait reconnu en lui le vicomte de Bracieux, Madeleine donc, saisie d'une nouvelle terreur, s'était réfugiée tremblante dans le coin le plus reculé de la chambre, après s'être empressée auparavant d'en fermer la porte à double tour. Quelle fatalité incessante la poursuivait donc? Allait-elle de nouveau tomber au pouvoir du vicomte, et cette pensée, cette crainte, la torturait à un tel point, que la jeune fille prit en désespérée le parti de s'enfuir tandis que tous les gens de l'auberge se trouvaient occupés autour du vicomte. Ce parti pris, Madeleine déposa deux écus de six livres sur la cheminée, afin d'indemniser ses hôtes, puis, n'entendant aucun bruit dans l'escalier, elle ouvrit sa porte le plus doucement possible et s'élança sur la montée, pour aller se jeter dans le valet du vicomte qui montait à ce moment.

Madeleine, à la vue de cet homme, poussa un cri, pâlit et recula d'épouvante.

— Ah! c'est vous, mademoiselle! oh! n'ayez pas peur, car mon pauvre maître, aux trois quarts mort, ne s'occupe guère de vous en ce moment et ce n'est pas moi qui m'amuserai à vous enlever ; seulement, puisque vous voilà, vous allez me dire comment il se fait qu'un aussi bon cavalier se soit laissé tomber de cheval au point de se briser la tête dans sa chute? dit le valet.

— Étant parvenue à m'échapper de ses mains, je me suis enfuie dans les bois, et c'est sans doute en essayant de me poursuivre que votre maître sera tombé, répondit Madeleine d'une voix tremblante.

— Cela lui apprendra, s'il en revient, ce qu'il en coûte à vouloir violenter les filles. Quant à moi, comme j'ai assez d'un maître ruiné au point de ne pouvoir même payer les gages de ses serviteurs, je vais profiter de l'occasion pour prendre tout bas congé de celui-ci. Quant à vous, ma belle demoiselle, faites de même ; n'attendez pas que cet enragé de vicomte reprenne assez de force pour l'employer contre vous.

Cela dit le valet reprit son ascension, laissant Madeleine au milieu de l'escalier, et libre de prendre la clef des champs si tel était son bon plaisir.

Madeleine, qui, sachant qu'elle n'avait plus rien à redouter du valet, et à laquelle l'état où se trouvait le maître lui permettait d'attendre sans danger la réponse de la lettre qu'elle avait envoyée à la baronne de Brias, se décida à rester à l'auberge et fut de nouveau s'enfermer dans sa chambre, de la fenêtre de laquelle elle tarda peu à voir le valet du vicomte quitter l'auberge, monter dans la voiture et s'éloigner sans se soucier le moins du monde du maître qu'il laissait mourant derrière lui.

Cruelle déception !

Madame de Brias ainsi que son mari sont partis la veille pour une terre qu'ils possèdent en Bourgogne, où leur intention est de résider le reste de la belle saison, pour ensuite revenir habiter leur hôtel de Paris pendant l'hiver.

Telle fut la réponse que rapporta le messager, laquelle affligea douloureusement la pauvre Madeleine, qu'elle plongeait dans un véritable embarras.

— A Paris, où il me sera permis de me cacher, de vivre en repos de mon travail ; oui, courons à Paris, et que Dieu me protége! s'écria Madeleine, en s'arrachant aux réflexions sérieuses où l'avait plongée la nouvelle déception qui venait de la frapper.

Ayant ainsi décidé, Madeleine, afin de faire perdre entièrement ses traces, se fit, le soir du même jour, conduire à Versailles par le fils de l'aubergiste.

Versailles, où elle passa la nuit dans une auberge, et qu'elle quitta le lendemain de très-grand matin, après avoir pris place dans une voiture publique, entre un vieux bonhomme et une jeune fille de vingt-quatre ans au plus, d'un visage agréable et avantagée de deux yeux éveillés.

Le vieux bonhomme s'étant endormi aussitôt que la voiture eut quitté Versailles, un amical entretien s'entama ainsi entre les deux jeunes filles :

— Vous habitez aussi Paris, mademoiselle ? demanda la voisine de notre héroïne, dont la mise et l'allure annonçaient une ouvrière, autrement dire une grisette.

— Je vais l'habiter, mademoiselle, répondit Madeleine.

— C'est une belle et joyeuse ville dont je suis native... La connaissez-vous ?

— Je n'y suis jamais allée.

— Ah ! vous y avez des amis, sans doute ?

— Je n'y connais personne, mademoiselle.

— Ainsi, jolie comme vous êtes,

vous allez vivre seule dans cet enfer? Vous êtes donc bien courageuse?

— Oh! il n'y a pas d'excès, répondit Madeleine en souriant avec tristesse.

— Tenez, mademoiselle, je crois deviner à votre sourire que vous avez des chagrins, et que le parti que vous prenez d'aller vivre dans un monde inconnu vous est inspiré par le malheur.

— Hélas, oui ! mademoiselle, répondit Madeleine en soupirant.

— Écoutez-moi, mademoiselle, je me nomme Madelon, je suis orpheline, bonne et honnête fille, je vis et travaille seule dans une petite chambre située rue d'Argenteuil, à la butte des Moulins, où je ne reçois que quelques bonnes filles, mes amies, dont la conduite n'a rien à se reprocher. Eh bien ! voulez-vous en augmenter le nombre et comme vous me paraissez être une sage personne bien élevée, partager la chambre de la simple ouvrière Madelon, en attendant que vous ayez meublé la vôtre ?

— Quoi ! tant d'obligeance ! mais je n'ose accepter, mademoiselle.

— Bah ! consentez tout de même et vous vous en trouverez bien, mademoiselle, car, à Paris, une jeune et jolie fille, sans famille ni protecteur, sans personne enfin pour la styler aux us et coutumes du pays, court de grands dangers... Ainsi c'est convenu, vous voilà mon amie et ma compagne?

— Eh bien! oui, j'accepte votre offre généreuse comme un bienfait, un bon secours que le ciel m'envoie en un moment de profonde affliction. Merci, oh merci! vous qui, sans me connaître, venez à mon aide, tel qu'un bon ange tutélaire, reprit Madeleine, en prenant avec reconnaissance les deux mains de Madelon dans les siennes.

— Oh! il n'y a pas de quoi tant me

remercier, mademoiselle... Comment donc vous appelez-vous?

— Madeleine.

— Tiens, comme moi, cela est d'un bon augure, et nous fait presque sœurs. Ah! quelle bonne idée vous avez eue de prendre la même voiture que moi, car, s'il en eût été autrement, nous ne nous serions sans doute jamais connues, fit gaîment Madelon.

— Et c'eût été un nouveau malheur pour moi, mademoiselle, reprit Madeleine, qui se sentait heureuse et moins inquiète depuis qu'elle venait d'acquérir en Madelon une amie capable de la guider par ses conseils, à qui elle pourrait ouvrir son cœur sans danger.

— Et pour moi aussi c'eût été malheureux, car j'ai comme un pressentiment que votre connaissance et votre amitié me porteront bonheur. Mais, chut! voilà notre compagnon de route qui s'éveille, dit Madelon, en indiquant le vieux bonhomme, lequel, à ce mo ment, baillait à se fendre la bouche jusqu'aux oreilles.

Durant toute cette conversation entre les deux jeunes filles, la voiture ou autrement dire l'affreux coucou qui les traînait ayant toujours marché fit son entrée dans Paris par la porte de Chaillot, descendit le Cours-la-Reine et fut déposer ses voyageurs sur la place Louis XV.

CHAPITRE TROISIÈME.

III.

Ayant mis pied à terre, nos jeunes filles se prirent par le bras pour gagner la rue Saint-Honoré, la descendre jusqu'à l'église Saint-Roch, dont le passage les conduisit dans la rue d'Argenteuil à la demeure de Madelon.

Une allée étroite et noire, un escalier de même, orné d'une corde à puits en guise de rampe, trois étages à monter, puis Madelon introduisit Madeleine dans sa chambre, petit réduit dont le modeste ameublement, l'excessive propreté, donnaient tout de suite bonne opinion de la maîtresse du logis.

— Madeleine, voilà la demeure que

je vous offre de partager avec moi, l'acceptez vous ? dit Madelon.

— Avec empressement et reconnaissance, ma chère demoiselle, répondit Madeleine.

— Appelez-moi Madelon et non mademoiselle, je l'exige au nom de l'amitié, et maintenant occupons-nous de notre dîner, car, ainsi que moi, vous devez avoir bon appétit.

Tout en disant, Madelon ouvrait un buffet pour en sortir une moitié de volaille rôtie, met qu'en ce temps-là pouvait se permettre le peuple, car il lui était possible de vivre, tandis que de nos jours, en pleine civilisation, la pomme de terre est même devenue, par l'élévation de son prix, une nourriture de luxe, et il ne lui est plus permis que de mourir de faim, dans ce Paris où les propriétaires absorbent à eux seuls toute la sueur du commerçant et de l'artisan. Donc nous avons dit une moitié de poulet, que suivit un plat de pois au lard et une assiettée de cerises, ainsi se composait le repas que la généreuse Madelon offrit et partagea avec sa nouvelle amie, lequel fut arrosé d'un petit vin de cabaret, c'est dire assez qu'il était détestable.

Le soir étant venu, les deux jeunes filles partagèrent le même lit, et comme Madeleine, qu'assaillaient de douloureuses réflexions, ne pouvait s'endormir, que de son sein s'échappaient involontairement de gros et pénibles soupirs.

— Madeleine, qu'avez-vous ? seriez-vous indisposée ? demanda Madelon en passant amicalement son bras autour du cou de sa compagne.

— Non, Madelon, je ne suis pas malade.

— Alors, chère amie, ce ne peut être que de gros chagrins, d'amour peut-être, qui vous font soupirer ainsi.

— Oui, Madelon, c'est le chagrin qui

m'accable et fait souffrir mon pauvre cœur, répondit Madeleine.

— Amie, quand nous nous connaîtrons mieux et que vous m'aurez jugée digne de votre confiance, vous me conterez ces chagrins-là, et alors nous aviserons ensemble au moyen de les faire cesser.

Madelon, ce moyen-là n'est ni en votre puissance ni en la mienne, répliqua Madeleine.

— Bah! peut-être! enfin, on verra.

— Demain, Madeleine, je me révélerai entièrement à vous, car quoi qu'il y ait peu de temps que je vous connaisse, ce temps a suffi pour me donner toute confiance en vous et vous juger comme la meilleure et la plus charitable de toutes les créatures; oui, demain vous connaîtrez entièrement la pauvre fille que vous avez recueillie, à laquelle vous daignez accorder une place dans votre excellent cœur.

— Madeleine, comme de mon côté je

suis, ainsi que vous, convaincue que vous êtes une fille honnête, incapable d'avoir mal fait et de faire mal, gardez vos secrets que je ne vous demande pas, que je n'ai nul besoin de connaître pour vous aimer et vous estimer, et croyez-moi votre toute dévouée le jour où vous aurez besoin qu'une amie vous vienne en aide pour soulager votre chagrin. En attendant, vivons comme deux sœurs et travaillons ensemble, puisque le travail est notre unique ressource.

— Oui, nous travaillerons, Madelon, car j'aime le travail parce qu'il nous distrait et chasse les mauvaises pensées ; mais, ma généreuse amie, ne croyez pas avoir rencontré en moi une charge onéreuse, un être entièrement dépourvu de ressource, car je dispose d'une honorable pension que le roi a daigné m'accorder sur sa cassette particulière, et j'ai en ce moment en ma possession vingt-cinq louis que je mets tout à votre service, en qualité de sœur dont la bourse doit être commune.

— En vérité, Madeleine, plus je vous écoute, plus ma surprise augmente : quoi ! celle que je croyais, comme moi, une simple ouvrière, une pauvre fille, n'est rien moins qu'une pensionnaire du roi et dont les poches sont cousues d'or. Çà, Madeleine, seriez-vous par hasard une demoiselle de riche et noble famille ?

— Madelon, je ne suis autre que la fille de pauvres paysans, une gardeuse de chèvres, métier que j'ai quitté il y a un mois à peine.

— Ah! par exemple, vous aurez peine à me faire accroire qu'une fille telle que vous, dont le langage, les manières trahissent une jeune personne bien élevée et de bonne maison, ne soit qu'une paysanne tout fraîchement sortie de son village, s'écria gaiement Madelon.

— Amie, croyez-moi, car je n'ai jamais menti, et puisque ma bouche vient en partie de me révéler à vous, écoutez donc entièrement le récit des heureux et des tristes événements qui ont agité ma vie depuis le jour où j'ai quitté le toit de ma chaumière pour aller habiter celui du grand monde.

Madelon prêta une oreille attentive, car elle était femme, c'est-à-dire curieuse, puis Madeleine entama le récit de ses aventures, lequel fut souvent interrompu par les hélas! les oh! et les ah! qu'arrachaient tour à tour la surprise, la joie ou l'indignation à la jeune ouvrière.

— Eh bien, en voilà des tribulations et des scélératesses ! s'écria Madelon, après que Madeleine eut terminé son récit. Ma foi, si en tapant dessus, si, usant du droit de légitime défense contre un scélérat qui attentait à votre honneur, vous avez tué ce vicomte de Bracieux, cela est pain béni et ne doit vous causer aucun regret. Quant à la sœur de ce mauvais garçon, cette demoiselle

Hélène, si c'eût été de moi qu'elle eût ainsi terni la réputation, comme j'aurais tapé dessus! Voilà ce que c'est que d'être trop bonne, ma chère Madeleine, le loup vous mange. Maintenant parlons de votre gentil amant, le marquis de Vardes; en voilà un amour d'homme que vous avez raison d'aimer, qui est digne qu'une fille lui garde précieusement son cœur. Madeleine, je parierais tout au monde qu'un jour vous deviendrez madame la marquise de Vardes.

— Oh ! je n'espère ni un si grand bonheur ni un si grand honneur, Madelon, car le comte de Charly est là pour y mettre obstacle.

— Bah ! le vieux bonhomme n'est pas immortel, et je dirai plus, vous avez peut-être eu tort, ma petite amie, de fuir cet oncle-là, auquel vous avez plu du premier abord, qui aurait fini par vous prendre en grande amitié, et convaincu que vous êtes une fille remplie de vertu et de mérite, vous eût peut-être acceptée pour sa nièce.

— Madelon, vous jugez les autres sur votre bon cœur, mais loin de recueillir les brillants avantages que vous supposez au comte à mon égard, il est encore vraisemblable que, retrouvant en moi la paysanne qu'on a dégradée à ses yeux, celle que son neveu aime malgré sa défense, il m'eût fait arrêter de nouveau et reconduire dans l'affreux couvent dont je me suis échappée.

— Non, cet homme ayant su vous apprécier, n'aurait pas eu une seconde fois cet affreux courage. Mais, si la chose était possible, si découvrant aujourd'hui votre retraite, il osait attenter à votre liberté, ah! alors nous serions deux pour lutter contre lui, et Madelon, toute grisette qu'elle soit, saurait bien trouver le moyen de faire connaître au roi la persécution dont on accable sa protégée.

L'entretien entre les deux amies dur

ainsi toute la nuit, puis après avoir dormi un couple d'heures sur le matin, elles se levèrent pour vaquer ensemble aux soins de leur petit ménage.

Il avait été convenu que Madelon, dans quatre jours, retournerait seule à Versailles, afin d'attendre à l'auberge de Trianon la venue du marquis, lequel, à son retour de la mission qu'il était allé remplir pour le service du roi, ne pouvait manquer d'accourir à ladite auberge en l'espoir d'y retrouver Madeleine et que Madelon le recevrait pour l'instruire des événements survenus à sa bien aimée durant son absence et le lieu qu'elle habitait en ce moment.

Après le déjeûner, Madelon laissa Madeleine seule dans la chambrette pour aller de par la ville faire emplette chez une fripière en neuf, des vêtements nécessaires pour métamorphoser Madeleine en petite bourgeoise, car il était important que cette dernière quittât ceux qu'elle portait comme pouvant la faire reconnaître et comme ayant été déchirés et ternis lors de la nuit qu'elle avait passée dans les bois.

Cette affaire de toilette et de longues causeries ayant employé les trois quarts de la journée, ce fut vers les cinq heures du soir que Madelon décida sa craintive amie à venir faire une promenade dans la ville, afin de la familiariser avec les détours et le bruit de cette grande Babylone. Or, Madeleine vêtue d'une simple robe de toile à fleurs, d'un petit mantelet de pareille étoffe et la tête couverte d'un simple mais gracieux bonnet, passa donc son bras sous celui de Madelon pour s'aventurer dans les rues de Paris, celle de Saint-Honoré, dans l'intention de se rendre d'abord aux Tuileries, jardin dont l'aspect, les frais ombrages, le monde élégant qui s'y promenait enchantèrent les yeux de Madeleine.

Après avoir fait plusieurs tours de promenade dans le jardin, nos deux amies débouchèrent par la grille du pont Royal, suivirent les quais, atteignirent le Pont-Neuf, fort encombré à cette heure par la foule qui s'attroupait devant les tréteaux des saltimbanques, ceux des chanteurs et des grimaciers.

Après s'être arrêtées et avoir écouté quelques instants les parades, nos deux jeunes filles se voyant avisées et entourées par de jeunes muguets, battirent vivement en retraite par le chemin qui devait les reconduire à leur demeure, lorsqu'en passant dans la rue de l'Arbre-Sec, elles furent heurtées par un petit jeune homme qui marchait d'un pas pressé, et, au peigne fixé de côté dans ses cheveux, à la boîte de poudre qu'il portait sous son bras, on reconnaissait facilement pour un perruquier de ce temps-là.

Ce jeune homme, au lieu de continuer sa course, s'était arrêté court et regardait d'un œil attentif et inquiet les deux jeunes filles qui s'éloignaient, lorsque l'envie de courir après elles s'empara subitement de lui, tout en murmurant :

— C'est elle ! oui, ce doit être elle ! Madeleine ! s'écria avec surprise le perruquier, après avoir rejoint et fixé les deux amies.

— Éloi ! fit à son tour Madeleine en présentant une main amicale à son ci-devant amoureux.

— Vous à Paris et dans cette modeste toilette, Madeleine ? reprit Éloi tout en regardant la jolie fille de la tête aux pieds.

— Oui, mon ami, c'est bien moi ; mais vous, par quel hasard vous retrouvais-je aussi dans cette ville, loin de notre cher village ?

— Madeleine, vous l'aviez quitté, alors rien ne m'y attachant plus, je l'ai quitté pour venir à Paris exercer mon métier chez un maître qui, depuis longtemps, désirait m'avoir en qualité de garçon, et qui, ainsi que son excellente femme, me traitent comme si j'étais leur propre fils.

— Cela ne me surprend pas, Éloi, vous êtes un si honnête garçon ! répliqua Madeleine.

— Mais vous, Madeleine, d'où provient votre séjour ici ?... et monsieur le marquis ?...

— Mon cher monsieur, vous n'avez pas, je pense, la prétention de contraindre mademoiselle à raconter ses aventures en pleine rue afin d'en instruire chaque passant? fit Madelon d'un petit air décidé.

— Certes que non, mademoiselle, répondit Éloi en rougissant.

— Éloi, en qualité d'ami de ma famille et d'honnête garçon en lequel j'ai toute confiance, venez me voir et je vous dirai tout, fit Madeleine.

— Ah! très-volontiers, ce soir même, si vous me le permettez.

— Va pour ce soir, fit en riant Madelon, qui indiqua sa demeure à Éloi, dont elles se séparèrent pour rentrer dans leur demeure.

CHAPITRE QUATRIÈME.

IV

Trois jours viennent de s'écouler, dont un seul ne s'est pas passé sans qu'Éloi, bien et dûment autorisé, ne soit venu, après la fermeture de sa boutique, passer la soirée auprès des deux jeunes filles, non en qualité de soupirant, car cet avantage lui a été sévèrement interdit, mais comme ami et confident; puis, le quatrième, Madelon roulait le matin en coucou sur la route de Versailles, où, aussitôt arrivée, elle se dirigea, de son pas vif et léger, vers l'auberge de Trianon, dans laquelle elle s'installa afin d'y attendre l'arrivée du marquis de Vardes.

Ce jour-là, notre jeune fille, qui s'était

tenue constamment à la fenêtre, afin d'observer tous ceux qui entraient dans l'auberge, n'en avait aperçu parmi eux aucun qui ressemblât au portrait que Madeleine lui avait fait du jeune seigneur.

Le lendemain s'étant replacée à son observatoire, elle aperçut venir de loin et à franc étrier, un cavalier dont le cheval soulevait des flots de poussière sur la route.

— Si cet homme s'arrête ici, ce doit

être celui que j'attends, car il n'y a qu'un amant courant rejoindre sa maîtresse bien aimée qui soit capable de courir de la sorte.

Tout en pensant ainsi, Madelon regardait le cavalier venir, le voit s'arrêter à la porte de l'auberge, descendre de cheval, jeter la bride à un valet d'écurie et se précipiter dans l'auberge, où sans même parler à personne, il monta quatre à quatre l'escalier et se présenta dans la chambre qu'avait occupé Madeleine, où il s'écria avec surprise et douleur :

— Ce n'est pas elle ! en apercevant Madelon qui le contemplait en souriant.

— Non, ce n'est pas elle, mais son amie qu'elle a chargé d'attendre monsieur le marquis de Vardes. Êtes-vous ce seigneur? demanda Madeleine.

— Je le suis ; mais de grâce, dites-moi où elle est, comment il se fait qu'elle ne soit pas ici où je lui avait tant recommandé d'attendre mon retour ?

— D'abord, afin de vous tranquilliser, sachez que Madeleine est en sûreté et qu'il ne tient qu'à vous de la voir. Maintenant sachez le motif qui a contraint la chère fille à quitter précipitamment cette maison où elle ne pouvait rester sans s'exposer à être reconnue de votre oncle, et, sur son ordre être reconduite au couvent auquel vous l'aviez arrachée.

— Mon oncle ! fit de Vardes avec surprise et effroi, à qui Madelon s'empressa de raconter la visite du comte et l'entretien qu'il avait eu avec Madeleine, puis la fuite de cette dernière, sa rencontre avec le vicomte de Bracieux et de la manière infâme dont cet homme s'était conduit envers elle.

— L'infâme ! oh ! tout son sang, s'il existe encore, pour châtier son audace et sa lâcheté ! s'écria le marquis au comble de l'exaspération.

— Pour l'instant laissez ce misérable mourir ou se guérir en repos, et s'il vous plaît, comme je n'en doute pas, de revoir Madeleine, venez avec moi à Paris, où elle vous attend, où une jolie bouche vous confirmera le récit des nouvelles souffrances qu'elle a endurées depuis que vous vous êtes séparé d'elle.

— Partons, mademoiselle, hâtons-nous ! répondit de Vardes avec empressement.

Une heure plus tard, le marquis et Madelon roulaient dans un carrosse de louage vers Paris, où Madeleine, en voyant entrer son amant dans la chambrette, manqua de s'évanouir de surprise et de joie.

— Merci, oh merci! mademoiselle, vous dont la douce pitié, l'âme bienfaisante sont venues au secours de ma bienaimée; vous à qui je suis redevable aujourd'hui du bonheur de la revoir, disait le marquis à Madelon, à la suite d'un long entretien dans lequel Madeleine venait de lui raconter tout ce que la bonne fille avait fait pour elle.

— Madeleine, et vous mademoiselle, vous ne pouvez habiter plus longtemps cette étroite et incommode demeure; demain un appartement plus digne de vous recevoir et d'abriter deux charmantes amies telles que vous, sera mis à votre disposition, reprit de Vardes et sur l'hésitation que manifestait Madeleine de quitter une chambre où elle avait reçu une hospitalité si touchante, où elle pouvait vivre ignorée, de Vardes insista pour un changement de demeure en promettant de la choisir dans un quartier tel, que tout en jouissant des bienfaits du soleil et de l'air pur, elles seraient à même de vivre paisible et ignorée puisque l'exigeaient ainsi la volonté et la position de Madeleine, un quartier enfin où il serait à même de venir très-souvent la visiter, sans avoir à craindre d'être remarqué ni d'éveiller les soupçons des ennemis de leur bonheur.

Ce changement de domicile tarda peu à s'exécuter, car, trois jours après qu'il eut été décidé, Madeleine et Madelon abandonnaient la chambre de l'obscure rue d'Argenteuil pour aller habiter au Marais, dans une rue paisible, non loin de l'Arsenal, une petite et coquette maison, plantée au milieu d'un jardin et meublée avec goût.

Asile charmant ignoré et commode où Madeleine, en compagnie de Madelon devait attendre en paix le jour fortuné où son amant serait libre de lui donner son nom. Où, en qualité d'ami discret et dévoué, Éloi serait le seul homme, avec le marquis auquel il serait permis de franchir le seuil de cet asile.

Devait-il en être ainsi ? c'est ce que la suite de cette véridique histoire va nous apprendre.

Depuis bientôt deux mois Madeleine habitait sa petite maison, où, pour elle, ce laps de temps s'était écoulé paisible et heureux entre l'amour et l'amitié, lorsqu'un jour, le marquis, lors de l'une des fréquentes visites qu'il rendait à Madeleine, presque de deux jours l'un, lui annonça avec tristesse qu'il allait être privé, pendant trois semaines, du plaisir de la voir, devant se rendre à Toulon, où, par ordre suprême, il était désigné pour accompagner le ministre de la marine qui s'y rendait en tournée.

Madeleine ne reçut point cette nouvelle sans en éprouver une vive affliction et ses larmes s'échappaient abondamment de ses yeux en recevant de son amant le triste baiser d'adieu.

De Vardes, qui cette fois laissait Madeleine sous la garde et protection de la vigilante amitié de Madelon et d'Éloi, s'éloigna sans trop d'inquiétude, après avoir promis de hâter son retour le plus vivement qu'il lui serait possible.

— Oui, mademoiselle Madelon, je vous le dis à ma gloire, après avoir bien réfléchi et persuadé à mon cœur qu'il lui fallait cesser d'aimer Madeleine d'amour, qu'une pareille fille, remplie d'instruction et destinée à devenir un jour la femme d'un jeune, riche et puissant seigneur, ne pourrait jamais appartenir à un garçon perruquier, je suis venu à bout de métamorphoser en une vive et sincère amitié, en un dévouement de toute la vie, l'amour extrême que m'avaient inspiré les qualités et la jolie figure de Madeleine ! disait un soir Éloi à Madelon, en se promenant avec elle dans le jardin, tandis que Madeleine, affligée d'une migraine, s'était mise de bonne heure au lit.

— Eh bien ! mon bon Éloi, c'est, en garçon sage et prudent, ce que vous pouviez faire de mieux, et je vous en fais mon sincère compliment! fit Madelon en souriant.

— Mais, ce que je ne vous ai pas encore avoué, c'est qu'en chassant de mon cœur un amour qui le rendait malheureux, j'ai commis la maladresse d'y en laisser entrer un autre.

— Ah, bah! Voilà, ma foi, qui est jouer de malheur!

— Pas si malheureux que vous le pensez, ma chère amie, car celle qui a succédé à Madeleine dans mon trop sensible cœur, est aussi une bonne et très-jolie fille, nommée Madelon.

—Tiens, j'avais deviné juste ! fit la jeune fille en riant.

—Ah ! vous aviez cette idée ! Alors, que pensez-vous de cette témérité, gentille Madelon ?

—Que vous pouviez choisir plus mal.

—Je le crois bien ! mais, enfin, dites si vous m'autorisez à nourrir cet usurpateur qui, sans ma permission, s'est permis de succéder à celui que je m'efforçais d'étouffer, ou si je dois agir à son égard comme je viens de le faire à l'égard de son prédécesseur?

— Ma foi! comme un garçon perruquier vaut une ouvrière, et que nos patrimoines sont aussi légers l'un que l'autre, je ne vois pas, Éloi, pourquoi nous ne nous entendrions pas. Or, aimez-moi, aimons-nous, et tout sera pour le mieux! répliqua Madelon en plaçant sa main dans celle d'Éloi, qui, joyeux, s'empressa de la porter à ses lèvres.

Huit jours après que ce pacte d'amour avait été conclu entre les deux jeunes gens, et fortement appuyé par Madeleine, qui ne comptait rien moins que de les marier aussitôt que le marquis serait de retour, il arriva qu'Éloi, un matin, vint apprendre aux deux amies que, le lendemain, la ville serait en fête à l'occasion de l'arrivée du roi, qui venait assister à un Te Deum qui devait se chanter à Notre-Dame, et que, s'il leur était agréable de voir passer Sa Majesté, il avait, dans la Cité et la rue où devait passer le cortége, une fenêtre à leur disposition, de laquelle, vu son peu d'élévation, elles pourraient voir le roi dans son carrosse de cérémonie, et défiler toute la cour.

Madeleine et Madelon, ces deux recluses, pour qui cette proposition était des plus séduisantes, se consultèrent ensemble si elles pouvaient l'accepter sans danger, ni, pour cela, commettre une imprudence, et, sur l'observation d'Éloi, qui les assura qu'en se rendant en fiacre à la demeure de l'ami qui lui prêtait ladite fenêtre, il n'y avait pour elles nulle mauvaise chance à courir, nos jeunes filles, qu'aiguillonnait la curiosité, se laissèrent séduire, et autorisèrent Éloi à venir le lendemain les prendre en voiture.

Le lendemain matin le jeune homme, exact au rendez-vous, faisait monter les jeunes filles en voiture pour les conduire rue de la Juiverie en la Cité, rue par laquelle devait passer le cortége royal en débouchant du pont Notre-Dame pour se rendre à la vieille cathédrale. La fenêtre qui fut occupée par Madeleine et Madelon était située à un entresol, et, comme nous l'avons déjà dit, permettait, par son peu d'élévation, de plonger le regard dans le fond du carrosse de la cour.

Deux heures s'écoulèrent dans une

anxieuse attente, puis, de la foule qui encombrait la rue, s'éleva un murmure de satisfaction en apercevant venir de loin l'avant-garde du cortége, lequel enfin s'avança lentement et défila majestueusement sous la fenêtre où se tenaient les deux jeunes filles attentives et la tête en avant.

— Oui, c'était bien le roi que j'ai vu, qui m'a embrassée dans la forêt de Rambouillet, oh! je viens de le reconnaître dans son beau carrosse et même il m'a semblé qu'il me regardait, peut-être me reconnaissait il aussi? disait Madeleine à sa compagne après que le cortége fut passé.

— Avez-vous remarqué, Madeleine, dans l'un des carrosses qui suivaient celui du roi un vieux seigneur qui nous regardait très-attentivement et a même avancé sa tête hors de la portière pour nous voir plus longtemps ?

— Non, car le roi m'occupait exclusivement, répondit Madeleine.

— Voilà ce que c'est que d'être de jolies filles, les gens de la cour vous lancent en passant des œillades, observa en riant le garçon perruquier.

— Maintenant, retournons à la maison, car la foule s'est écoulée et la rue est libre, dit Madeleine.

Et, sur ce, nos jeunes filles quittèrent la maison pour courir, sous le bras d'Éloi, rejoindre le fiacre qui les avait amenées et devait les attendre dans une rue voisine pour les reconduire chez elles, dans lequel véhicule elles se réfugièrent de nouveau pour rouler vers le quartier de l'Arsenal et rentrer chez elles.

Le lendemain, sur les deux heures après midi, Madeleine se trouvait être seule au logis et attendait Madelon qui était sortie pour faire les provisions du ménage, avait laissé, par mégarde, la porte de la rue entr'ouverte. Madeleine, assise dans le jardin, s'occupait à broder sous un berceau de chèvrefeuille lors-

que le craquement du sable, en lui annonçant que quelqu'un marchait dans le
jardin, lui fit lever les yeux et reconnaître avec autant de surprise que d'effroi
le comte de Charly dans le personnage qui venait à elle en lui souriant.

— Vous, monsieur! fit la jeune fille
émue et tremblante en se levant précipitamment.

— Moi-même, mademoiselle, ayant
eu le bonheur de vous reconnaître en

passant hier dans mon carrosse devant la fenêtre d'où vous regardiez le cortége du roi, ai aussitôt donné l'ordre à un de mes laquais de s'informer si cette maison où vous étiez était la vôtre, et, dans le cas contraire de faire en sorte de découvrir votre demeure, mission dont le valet s'est acquitté, et qui me procure aujourd'hui l'avantage de venir vous présenter mes respectueux hommages.

Ainsi disait le comte en prenant la

main de Madeleine dont il s'était emparé délicatement, puis, en la sentant trembler dans la sienne, en voyant la jeune fille pâlir et tarder à lui répondre :

— Hélas ! reprit-il, se pourrait-il, charmante Henriette, que ma vue vous fût désagréable au point de vous occasionner l'état dans lequel je vous vois ?

— Pardonnez, monsieur, à l'embarras où me plonge votre arrivée inattendue et veuillez être persuadé que je m'estime infiniment honorée de votre visite, ainsi que de l'intérêt que vous daignez me témoigner, répondit enfin Madeleine, en approchant près de la sienne une chaise au comte, qui s'y posa après l'avoir fait asseoir la première.

— Savez-vous, mademoiselle, quoique n'en ayant nullement le droit, que j'ai grande envie de vous gronder pour l'inhumanité dont vous avez agi envers moi en quittant brusquement l'auberge où j'avais été assez heureux de vous rencontrer, sans daigner seulement attendre la visite que je vous avais promise, sans même laisser un indice qui me permît de suivre vos traces.

— Permettez-moi, monsieur, de vous prier de vouloir bien observer que n'ayant pas l'honneur de vous connaître ni d'être connue de vous, et que, ne nous ayant vu et parlé l'un et l'autre qu'un instant, il eut été aussi singulier qu'inconvenant de ma part que je me permisse de vous indiquer l'endroit où une circonstance imprévue me contraignait de me rendre sans nul retard et que cela, en ayant toute l'apparence d'un rendez-vous, vous eut donné de moi une idée des plus défavorables.

— Ce que vous dites-là, mademoiselle, est plein de sens, et veuillez n'attribuer le reproche déraisonnable que j'ai osé vous adresser qu'à la douleur que j'ai ressentie en apprenant votre disparition subite, lorsque je me présentai à l'auberge en l'intention de vous saluer et de faire avec vous une plus intime connaissance; mais je vous ai retrouvée et la joie a remplacé dans mon cœur le regret qu'il ressentait de vous avoir perdue.

— En vérité, je ne puis trouver d'expression assez forte pour vous dire combien je me sens honorée des paroles flatteuses que vous daignez m'adresser, ainsi que de l'intérêt que vous semblez prendre à ma personne. Veuillez donc, monsieur, mettre le comble, à votre bienveillance en m'expliquant d'où peut provenir, de la part d'un puissant et noble personnage tel que vous cet intérêt si vif en faveur d'une simple fille comme moi, et ce que vous espérez en retour?

— Je comprends votre inquiétude, mademoiselle, et je dois m'empresser de vous rassurer en vous disant que, ayant deviné en vous une personne honnête, douée des meilleures qualités, un homme de mon âge et qui se respecte ne peut avoir à son égard que de louables sentiments, enfin le désir de devenir son ami et son protecteur.

CHAPITRE CINQUIÈME.

V

Madeleine, à ce moment, se trouvait dans un embarras extrême, car elle ne savait comment répondre aux politesses que lui disait le comte, ni ne pouvait repousser l'intérêt qu'il lui témoignait sans risquer de l'indisposer contre elle et de passer à ses yeux pour une fille sans cœur ni usage.

Le désir le plus vif de notre jeune héroïne était de plaire à cet homme, de conquérir sa confiance, son amitié, et, d'un autre côté, la crainte qu'il ne découvrît sa véritable qualité et qu'en retrouvant en elle la malheureuse fille qu'il croyait retenir captive sous les verrous d'un cloître et la rendît de nouveau victime de sa colère, la faisait frémir malgré elle.

— Eh quoi ! vous demeurez pensive et ne me répondez pas ; douteriez-vous, belle Henriette, de la sincérité de mes discours. Oui, je vous le répète, vous m'avez inspiré un très-vif intérêt, et je veux, par mon crédit, contribuer à votre bonheur. Souvenez-vous bien, mon enfant, qu'un homme de mon caractère, de ma qualité, ne sait pas manquer de parole ; or il ne tiendra donc qu'à vous que je vous donne des marques de l'estime que je fais de votre sagesse, de cette vertu qui vous honore à mes yeux.

— Vous me rendez heureuse et fière, monsieur le comte, en me tenant ce langage paternel qui éclaire et rassure mon cœur sur les sentiments du vôtre. Oui, je le dis sans crainte et la tête haute, je suis digne de votre estime, monsieur, car je prends à témoin le Dieu puissant que nous révérons, comme quoi je n'ai jamais failli à l'honneur, souillé mon âme d'une mauvaise action.

— Oh ! je vous crois sans peine, mon enfant, et je pardonnerais facilement à mon neveu le marquis de Vardes, si au lieu de s'enticher d'une misérable intrigante il s'était adressé à une personne telle que vous, en qui la noblesse des sentiments remplace celle de la naissance.

— Mon Dieu, monsieur le comte, je me permettrai de nouveau de vous répéter que la calomnie a peut-être injustement terni cette jeune fille à vos yeux et qu'il est tout à fait impossible que le neveu du comte de Charly, un jeune homme élevé dans des principes d'honneur, se soit épris d'une fille qui posséderait les funestes qualités dont on la dit pourvue.

— Je conçois, ma chère enfant, que votre belle âme, exempte de toute mauvaise pensée, se refuse à croire au mal et qu'elle s'obstine à reconnaître chez les autres toutes les bonnes qualités dont elle est ornée, mais les rapports qui m'ont été faits sur la conduite de cette aventurière, de qui la coquetterie, les intrigues, ont failli coûter la vie à mon faible neveu, me venant de personnes honorables et dignes de foi, vous me permettrez de persévérer dans mon opinion sur le compte de cette fille.

— Pour laquelle, monsieur, il doit être bien pénible de ne pouvoir se réhabiliter à vos yeux s'il se faisait qu'elle rùt tout simplement une victime de la calomnie, répliqua tristement Madeleine.

— Belle Henriette, assez, ce me semble, nous entretenir de cette fille, lorsque je ne veux m'occuper que de vous. Çà, dites-moi, occuperiez-vous seule cette maison ?

— Je l'habite, monsieur, en compagnie d'une jeune personne qui est mon amie intime, une sœur pour moi, et nous avons pour porte-respect et protecteur, un excellent et honnête jeune homme, un ami d'enfance, qui chaque jour vient passer plusieurs heures avec nous en qualité de prétendu de ma chère et spirituelle compagne, qui n'est autre qu'un gentil dragon de vertu et de courage.

— Oh, oh! mais je vois avec plaisir que vous êtes parfaitement en sûreté sous la protection de ces deux gardes du corps.

— D'autant mieux, monsieur, que

nous ne recevons personne et menons une existence des plus sédentaires.

— Voilà qui est fort prudent de votre part, mon enfant; mais pour soutenir cette existence indépendante, vous possédez sans doute quelques ressources suffisantes? Excusez cette question, que l'intérêt que je vous porte m'engage seul à vous adresser.

— C'est ainsi, monsieur, que je l'accepte et me fait un devoir d'y répondre. Je possède un revenu de quinze cents livres, qui suffit au-delà à satisfaire mes modestes goûts et que je partagerais volontiers avec ma bonne amie, chère fille laborieuse, qui, pour exister, n'a d'autres ressources que celles que lui promet son travail, si son cœur, aussi noble qu'il est fier et généreux, ne voulait rien devoir qu'à son courage.

— Cette jeune fille est noble en effet, et je vous félicite, mademoiselle, du choix d'une pareille amie, dont je serais vraiment enchanté de faire la connaissance.

— Vous allez être satisfait, monsieur le comte, car la voilà qui revient de la provision tout en chantant son gai refrain selon son habitude, répliqua Madeleine en voyant Madelon qui venait à eux, un panier suspendu au bras, laquelle, fort surprise et non moins inquiète en apercevant le comte, se disposait à changer d'allée pour rentrer dans la maison, lorsque Madeleine s'empressa de l'appeler.

— Amie, permets-moi de te présenter monsieur le comte de Charly, qui, m'ayant reconnu hier à la fenêtre d'où nous regardions passer le cortége du roi, daigne aujourd'hui m'honorer de sa visite, s'empressa de dire Madeleine comme un avertissement pour que Madelon se tînt sur ses gardes.

Cette dernière s'empressa d'adresser au seigneur une humble révérence, puis attendit discrètement qu'il lui plût de lui adresser la parole.

— Asseyez-vous auprès de moi, mademoiselle, afin d'entendre les félicitations que m'inspirent en votre faveur toutes les choses aimables que votre amie vient de m'apprendre sur votre compte, dit en souriant le comte, après s'être levé pour prendre la main de Madelon et la faire asseoir.

— Vous êtes d'une bienveillance extrême, monsieur le comte, et de votre part je n'attendais pas moins d'après la manière avantageuse dont Henriette vous avait dépeint à mes yeux, quoique n'ayant eu l'avantage de vous voir qu'une seule fois, répondit Madelon avec aisance et facilité, paroles qui, en flattant l'amour-propre du vieux seigneur, valurent de sa part un amical sourire à Madeleine.

— Je vous remercie, mademoiselle, de tout ce qu'a de flatteur pour moi votre indulgente réponse. Maintenant, mademoiselle, veuillez me dire sans contrainte si les visites qu'un vieillard tel que moi se propose de vous faire ne vous seront pas importunes, et s'il m'est permis de me procurer cette charmante satisfaction sans encourir le risque de vous déplaire ?

— Une pareille crainte, monsieur, ne peut entrer dans la pensée d'une personne de votre mérite et de votre rang ; soyez donc certain, monsieur, que mon amie et moi nous estimerons fort heureuses et honorées lorsque votre extrême bienveillance daignera vous amener dans notre modeste demeure, où l'une et l'autre nous nous empresserons de vous accueillir de notre mieux et avec toute la reconnaissance dont nos cœurs sont capables, répondit Madeleine.

— Vous êtes si charmante, mademoiselle, que cela me rend exigeant au point de solliciter une nouvelle faveur de votre complaisance, celle de vous amener quelquefois mon neveu, afin que, par votre aimable entretien, par l'exemple de votre modestie, de votre sagesse, vous m'aidassiez à le distraire de la passion insensée qu'il conserve obstinément pour cette fille dont je l'ai, Dieu merci, éloigné pour toujours.

— Soit, monsieur le comte, et d'avance nous nous engageons, Henriette et moi, à ne pas moins bien accueillir le neveu que l'oncle, répondit vivement Madelon en apercevant la vive émotion que la demande du comte venait de causer à Madeleine.

— Et vous, mon enfant, êtes-vous du même avis que votre gentille amie ?

— Vous ne pouvez en douter, monsieur, fit Madeleine d'une voix tremblante.

— Merci, cent fois merci, ma belle demoiselle, et à bientôt, reprit le comte en se levant.

— Quoi, vous nous quittez sitôt, monsieur le comte ? dit Madelon.

— A mon grand regret, mademoiselle; on est si bien auprès de vous; mais le roi retourne aujourd'hui à Versailles, et j'ai ordre de l'y accompagner.

Nos deux jeunes filles n'insistèrent pas et reconduisirent le seigneur jusqu'à la porte de la rue pour ne rentrer chez elles qu'après l'avoir vu monter dans son carrosse.

— Hélas! qu'as-tu donc à pleurer, amie? s'informa vivement Madelon en voyant des larmes dans les yeux de Madeleine.

— Tu me le demandes, amie, lorsque tu viens de rencontrer ici mon plus mortel ennemi, lorsque tu me vois retombée en la puissance de mon persécuteur, de cet homme qui, le jour où il reconnaîtra en cette jeune fille qu'en ce moment il honore de son estime, la Madeleine qu'il déteste, la bien-aimée de son neveu, s'empressera de faire retomber sur elle tout le poids de son inflexible colère.

— Bah! vaine frayeur! tu t'alarmes trop vite, ma petite chérie; mais moi, loin de voir les choses ainsi que toi, elles m'apparaissent en rose et me font pressentir en ta faveur le plus joli dénouement possible. Comment, tu te plains du plus heureux des hasards, de celui qui amène à tes pieds ton ennemi désarmé et t'en fait un protecteur, un ami, un homme enfin qui, en nous jugeant dignes de toute sa confiance, consent à nous charger de la conversion de son neveu, et de lui-même, livre innocemment à ton adorable séduction l'amant dont il veut te faire oublier ! Crois-moi, Madeleine, rentre des larmes inutiles et réjouis-toi, au contraire de tout ce qui t'arrive aujourd'hui.

— Madelon, ton charmant caractère veut tout voir en bien, sans réfléchir que le comte de Charly, le jour où il connaîtra la vérité, colère d'avoir été la dupe de la confiance qu'il aura placée en nous, se croyant le jouet de deux intrigantes, n'en sera que plus terrible, plus implacable pour moi. Hélas! quelle contenance tenir le jour où il nous amènera son neveu? Comment feindrais-je l'indifférence? Comment dérober aux regards de l'oncle l'émotion que me causera la présence du neveu et la vive rougeur qui colorera mon front?

— Eh bien! arrivent cette émotion, cette rougeur, que le comte ne manquera pas d'attribuer à la timidité, et tout cela, loin de te nuire, ne fera que de rehausser encore plus ton mérite aux yeux du vieux seigneur, lequel s'empressera de te mettre à ton aise, répondit Madelon en riant.

— Mais encore une fois, amie, quand il découvrira la vérité, que je l'ai trompé!...

— Alors tu auras su tellement t'emparer de son esprit, d'apparaître à lui ce que tu es, c'est-à-dire une fille accomplie, que le cher homme n'aura plus d'autre vengeance à exercer que celle de t'embrasser et de te nommer sa nièce.

— Ah ! s'il pouvait en être ainsi ! s'écria Madeleine.

— Il ne peut en être autrement, chère amie.

— Madelon, je pense qu'il est prudent que j'écrive au marquis, afin de lui apprendre ce qui vient d'arriver et de le prévenir des intentions de son oncle ?

— Écrire ! nenni ! ta lettre n'aurait qu'à tomber entre les mains de l'oncle, lequel, fidèle à son ancienne coutume, n'aura pas manqué de donner des ordres sévères pour que les lettres adressées à son neveu lui soient remises. Or, pas d'imprudence et attendons le retour du marquis, lequel, sans doute, n'aura pas la maladresse de tomber ici le jour même où son oncle y sera, rencontre que je me fais fort d'empêcher.

Dans l'après-dîner du même jour, nos deux jeunes filles furent fort surprises de recevoir un valet qui, de la part du comte de Charly son maître, apportait une lourde malle, pour ensuite se retirer aussitôt après avoir remis à Madeleine une lettre et la clef de ladite malle.

— Sachons vite ce que contient cette caisse, fit l'impatiente et curieuse Madelon, en prenant la clef des mains de Madeleine, serait-ce, par hasard, ajouta-t-elle, ton cher amant que le comte aurait la galanterie de t'envoyer là-dedans ?

La malle étant ouverte, ce fut avec non moins de surprise que d'admiration que nos jeunes filles en sortirent les étoffes précieuses, les velours, les dentelles qu'elle renfermait, puis un écrin de bijoux ainsi qu'une bourse pleine d'or.

— Sapristi ! les belles choses, le beau

cadeau que te fait là ton oncle futur, s'écria Madelon émerveillée.

— Qu'il nous fait là, dis donc, Madelon, car la moitié de tout cela t'appartient de droit et de par l'amitié, fit Madeleine.

— Allons donc! est-ce qu'on fait de pareils présents à une fille comme moi? Est-ce qu'une ouvrière couturière peut se permettre de porter d'aussi riches étoffes ?...

A propos! mais la lettre, lisons-la donc.

Madeleine ouvrit la missive et lut ce qui suit à haute voix :

« Ma belle Henriette, permettez à votre
» vieil ami de vous offrir les quelques
» bagatelles qu'il vous envoie. Acceptez-
» les comme un gage de l'amitié, de
» l'estime que vous lui avez inspiré, et,
» comme votre gentille amie ne doit
» pas être oubliée, soyez assez bonne
» pour distraire de mon présent, et en

» sa faveur, ce qu'il vous sera agréable
» de lui faire accepter.

» J'aurai bientôt l'avantage de vous
» présenter mon neveu, le marquis
» de Vardes, car une lettre que je viens
» de recevoir m'annonce son retour
» prochain. D'ici là, je compte aller
» m'informer de l'état de votre chère
» santé et vous baiser la main.

» Votre vieil ami

» Le comte DE CHARLY. »

— Décidément, cet homme-là est la

fine fleur de la galanterie! dit Madelon après avoir écouté.

— Madelon, dois-je accepter ces présents? s'informa Madeleine, indécise.

— Sans doute, et, pour faire honneur au donataire, nous mettre vite à l'ouvrage pour confectionner tes robes.

— Dis nos robes, car tout cela est à toi comme à moi! répondit Madeleine.

A ce moment on frappa à la porte du jardin, et Madelon ayant reconnu Éloi, courut lui ouvrir.

Notre perruquier se présentait la mine radieuse, et portant deux beaux paquets de roses dont il fit galamment hommage aux jeunes filles.

— Merci, Éloi! J'accepte vos belles roses avec plus de plaisir que toutes ces richesses que nous a envoyées le comte de Charny! fit Madeleine.

— Quoi! toutes ces étoffes, ces dentelles...

— Sont à nous, Éloi! interrompit Madelon, et, puisque votre intention est de me prendre pour votre femme, Madeleine et moi allons nous empresser de tailler ma robe de noce afin de vous faire honneur.

— De même que ce velours bleu de ciel va servir à vous faire confectionner votre habit et votre culotte de noce, mon bon Éloi! fit à son tour Madeleine.

— Fichtre! mais nous serons habillés comme des seigneurs! dit Éloi, lequel s'empressa d'interroger la jeune fille sur la visite du comte, et à qui ces dernières s'empressèrent de tout raconter.

Éloi, en apprenant que le comte devait amener le marquis, ne put retenir un violent éclat de rire pour s'écrier ensuite :

— Ah! l'excellent homme que ce comte de Charly! Décidément, il y met toute la complaisance possible!

— Ah! taisez-vous, Éloi, ne riez pas d'une erreur qui un jour me sera peut-être fatale! soupira Madeleine.

— Éloi, faites donc, ainsi que moi, tous vos efforts pour rassurer cette peureuse, dont l'imagination, facile à s'alarmer, entrevoit le comte furieux et dictant l'ordre de la reconduire à son couvent! comme si nous n'étions pas là, vous et moi, pour la défendre et courir aux pieds du roi lui demander justice contre celui qui se permettrait un pareil abus de pouvoir envers celle qu'il a honorée du titre de sa protégée? fit vivement Madelon.

— En effet, je ne suis plus seule en ce monde ; j'ai deux amis pour veiller sur moi ! dit Madeleine en pressant Madelon sur son cœur, et tendant à Éloi une main amicale.

Le surlendemain, le carrosse du comte s'arrêtait de nouveau à la porte de Madeleine ; il sonnait alors dix heures du matin.

Madeleine, en apercevant le seigneur descendre de voiture, sentit malgré elle la crainte oppresser son cœur ; mais, rassurée et encouragée par Madelon, elle courut à la rencontre du noble visiteur, auquel elle fit l'accueil le plus respectueux comme le plus amical.

— Mes belles demoiselles, vous excuserez cette visite matinale sans doute, en faveur du motif qui m'a fait devancer l'heure où un homme poli et galant doit se permettre de se présenter chez des dames. Mais il s'agit aujourd'hui de vous arracher à votre paisible solitude, pour vous procurer quelques instants de distraction en vous conduisant à Marly, où le roi donne ce soir un spectacle auquel je désire vous faire assister, et pour lequel je me suis assuré d'une loge dans laquelle vous serez fort commodément placées et à même de voir toute la cour ; et, comme j'ai pensé qu'il vous serait peut-être agréable de passer à la campagne la journée en promenade, je me suis empressé de venir vous soumettre mon offre et de me mettre tout entier à votre disposition! dit le comte, du ton d'une excessive galanterie.

— En vérité, monsieur, ma compagne et moi vous nous voyez confuses de tant de bienveillance et de générosité. De grâce, monsieur le comte, veuillez au moins nous apprendre ce qui a pu nous mériter de votre part les marques touchantes du vif intérêt que vous nous témoignez. Quoi! ce n'est pas assez de nous avoir comblées de magnifiques présents, que, sans même attendre que nous vous en exprimions notre reconnaissance, vous venez nous offrir l'honneur de partager vos plaisirs! dit Madeleine d'un ton enchanteur.

— Henriette, j'agis envers vous comme doit agir un ami... Mais, sans plus chercher à approfondir les sentiments qui me guident en votre faveur, répondez à ma demande : Vous est-il agréable d'accepter la petite débauche entre amis que je viens de vous proposer?

— Nous acceptons, monsieur le comte, et nous trouverons aussi heureuses qu'honorées de votre aimable intention! répondit vivement Madelon, qui remarquait l'hésitation de Madeleine.

— Mais, amie, pour oser se présenter à la promenade avec un aussi grand seigneur, puis ensuite à la cour, tu ne réfléchis donc pas qu'il faut être fort élégante, et que nos toilettes sont par trop modestes? observa Madeleine.

— Au fait, tu as raison, mon cher

ange, je n'avais pas réfléchi à cela!
répondit Madelon.

— Mais, moi, j'y ai pensé, fit le comte en riant, aussi, avant une demi-heure, des habilleuses vont-elles se présenter ici, d'après mon ordre, munie de tout ce qui sera nécessaire à votre toilette, et lorsque la parure aura ajouté de nouveaux charmes à vos attraits, mes chères demoiselles, vous n'aurez plus qu'à monter dans le carrosse qui se tiendra à votre porte pour vous amener à Marly, où je vais vous attendre...

— Ah ! monsieur !...

— Pas de remerciements, et hâtez-vous. Cela dit, le comte pressa la main des deux jeunes filles et se retira.

CHAPITRE SIXIÈME.

VI

— Ah ! que ces bois sont beaux ! les superbes campagnes ! quel bonheur que celui de les parcourir ainsi sans fatigue ! s'écriait Madelon, assise dans un brillante arrossé, en face du comte et de Madeleine; Madelon et Madeleine, toutes deux mises avec autant de goût que d'élégance, et dont la joie naïve faisait sourir le grand seigneur.

— Ah! combien serait grande la surprise du marquis, s'il m'apercevait ainsi assise auprès de son oncle, se disait Madeleine tout bas.

— Ah! quel bonheur d'être riche et d'avoir voiture! pensait Madelon de son côté.

Après une promenade de plusieurs heures, et avoir parcouru les bois de Marly, ainsi que la forêt de Saint-Germain, ce fut dans cette ville et la cour d'une charmante maison de campagne que vint s'arrêter le carrosse, où le comte offrit la main aux jeunes filles, à leur descente de voiture, pour les introduire dans la demeure champêtre, où dans une salle à manger dont les fenêtres donnaient sur un vaste parterre de fleurs, elles trouvèrent une table richement servie, à laquelle le comte les invita à prendre place, où un dîner de grand seigneur leur fut aussitôt servi, durant lequel le comte fut, pour elles, rempli d'attention et de galanterie.

L'heure de se rendre à Marly ayant sonnée, nos gens remontèrent en voiture et roulèrent vers le château royal, où le comte donna ordre à un huissier d'introduire les deux jeunes filles dans la salle de spectacle et la loge qui lui était réservée, puis il se sépara d'elles pour, leur dit-il, aller saluer le roi, en leur promettant de venir dans la soirée leur tenir compagnie.

Madeleine et Madelon ayant été installées dans une petite loge, commencèrent par s'extasier sur la richesse de la salle et les brillantes toilettes des personnes qui déjà la peuplaient, lorsqu'une jeune femme, d'une mise élégante, qui venait occuper une place dans une des galeries, attira le regard de Madeleine, laquelle sentit son cœur battre et l'inquiétude s'emparer de son esprit en reconnaissant dans cette femme Hélène de Bracieux, son ennemie mortelle, qu'elle s'empressa d'indiquer à Madelon, en lui faisant part de la contrariété et de la crainte que lui inspirait la rencontre de cette fille, rencontre qui, pour elle, ne pouvait être que le présage d'un nouveau malheur.

— Bah ! tu es folle de t'inquiéter ainsi, du moment que ton existence ne dépend plus de la famille de cette Hélène. D'ailleurs, ne suis-je pas là pour te protéger, te défendre contre sa haine et ce qu'elle pourrait tenter pour te nuir. Qu'elle y revienne, et cette fois elle aura affaire à forte partie, répondit Madelon, qui, sur la prière de son amie, qui désirait être moins en vue, consentit à changer de place avec elle.

A ce moment, un grand mouvement, causé par l'entrée du roi dans la salle, attira l'attention des deux amies qui, à l'exemple des autres spectateurs, se levèrent subitement, et dont la présence du souverain occupa tellement l'attention, qu'elles étaient encore debout lorsque tout le monde s'était rassis. On représentait ce soir-là la tragédie d'*Iphygénie*, et nos deux jeunes filles, qui n'avaient jamais été au spectacle, y prêtaient une grande attention et s'attendrissaient jusqu'aux larmes aux malheurs d'Iphygénie.

La porte de la loge s'ouvrit au second entr'acte, et le vieux comte apparut souriant aux regards de nos jeunes filles, auprès desquelles il se plaça, en s'informant si la pièce était de leur goût, ce qu'elles s'empressèrent de lui assurer.

— Apprenez, mes belles demoiselles, que le roi, auprès duquel j'étais tout à l'heure, a daigné me demander qui vous étiez, dit le comte en souriant.

— Lui auriez-vous répondu, par hasard, monsieur le comte, que nous n'étions que des infiniment petites qui, grâce à votre excessive bienveillance, se trouvent avoir l'honneur d'être admises à partager ses plaisirs? s'empressa de demander Madelon fort gaîment.

— J'ai répondu à Sa Majesté que vous étiez deux jeunes personnes pleines de sagesse et de mérite, auxquelles je portais le plus vif intérêt, et dont je m'étais fait le protecteur, action de laquelle m'a fort complimenté le roi.

— Ah! que vous êtes bon, monsieur! fit Madeleine, de l'expression de la reconnaissance, et en fixant sur le vieux seigneur un regard d'une douceur extrême.

Et Madelon, tout en écoutant, observait qu'Hélène de Bracieux, de la place qu'elle occupait, ne cessait de tendre le cou afin de mieux observer ce qui se passait dans leur loge. Cette fille avait apparemment reconnu Madeleine.

Le comte quitta de nouveau les jeunes filles pour retourner dans la loge royale, et ce ne fut qu'à la fin du spectacle qu'il les rejoignit pour les reconduire à Paris.

— Madelon, je meurs d'inquiétude, disait Madeleine de retour chez elle.

— Et quelle en est la cause? s'informa Madelon.

— La rencontre que je viens de faire de cette méchante Hélène. Je crains que cela ne me porte malheur.

— Bah! fit Madelon avec insouciance.

Deux jours après cette journée de

plaisir, le comte de Charly étant à Versailles recevait une lettre anonyme ainsi conçu :

« Monsieur le comte de Charly con-
» naît-il bien la jeune fille avec laquelle
» il s'est compromis à Marly en se don-
» nant en spectacle avec elle au théâtre
» de la cour? Non, assurément. Alors,
» qu'il apprenne donc, s'il l'ignore, ce
» que l'on aime à croire, que cette fille
» n'est autre que Madeleine Lambert,
» la paysanne éhontée, l'aventurière

» dont son neveu est sottement épris,

» celle enfin dont l'inconduite, les intri-

» gues ont failli, deux fois, causer la

» mort du marquis de Vardes. Celui

» qui adresse cet avertissement à mon-

» sieur le comte de Charly est persuadé

» qu'aussitôt instruit des noms et tristes

» qualités de la fille en question, il

» s'empressera de lui appliquer le juste

» châtiment dû à son audace comme à

» ses méfaits. »

Le comte, dont, à la lecture de cette

lettre, le front s'était obscurci, demeura silencieux et pensif un long instant, puis il sonna son valet pour demander son carrosse.

Deux heures plus tard le vieux seigneur était arrivé à Paris, se présentait chez Madeleine, qu'il surprenait seule dans son salon, occupée à terminer un portrait au crayon, sur lequel il n'eut pas plutôt porté les yeux qu'il reconnut ses propres traits que la jeune fille avait reproduits de mémoire.

— Ne cachez rien, Henriette, car j'ai vu et reconnu.

— Ah! monsieur, excusez la liberté grande; mais douée d'un cœur reconnaissant et aimant à avoir sous mes yeux l'image des personnes qui m'honorent de leur estime, je me suis permis de retracer la vôtre, fit Madeleine avec timidité et le rouge au visage.

— Mon enfant, j'aurais tort de m'offenser de cette marque d'une amitié sincère, car, lorsqu'on s'occupe des gens pendant leur absence, c'est une preuve que leur souvenir est une chose agréable pour nous... Allons, remettez-vous de ce trouble et causons ensemble comme deux bons amis, car j'ai beaucoup à vous dire.

— Je suis toute à vous, monsieur le comte.

— Enfant, je vais vous surprendre beaucoup ; mais d'abord, regardez-moi bien avant que je commence et dites si mon visage porte en rien la marque du mécontentement.

— Vos traits, monsieur, sont en ce moment tels que je me suis plu à les trouver, c'est-à-dire tout pleins de bonté, de bienveillance, répondit Madeleine.

— Cependant vous voyez en moi, chère fille, un homme encore sous l'influence d'une cruelle découverte qu'on s'est plu à lui révéler ce matin.

— Hélas ! serait-ce un malheur qui viendrait vous frapper injustement, vous si digne d'être heureux ?

— Je viens d'apprendre que je suis joué, trompé, par une personne à laquelle je me plais à témoigner la plus vive affection.

— Cette désusion est cruelle, en effet, monsieur, et je vous plains du fond de mon cœur, fit Madeleine.

— Voulez-vous que je vous raconte ce qui m'arrive ?

— Si telle est votre volonté, monsieur, j'écouterai.

— Et bien ! apprenez-donc que pauvre Cassandre que je suis j'ai donné toute mon amitié, mon estime à une fille que je croyais détester et enfermée depuis longtemps sous les verroux d'un cloître d'après mon ordre.

A ces mots, le visage de Madeleine se couvrit d'une pâleur mortelle, un tremblement convulsif s'empara de toute sa personne, enfin, elle se sentit mourir lorsque le comte, s'apercevant de son état, s'empressa de reprendre en ces termes :

— Allons, remettez-vous Madeleine, ai-je l'air d'un Barbe-Bleue, prêt à vous faire un mauvais parti ?

— Pitié, monsieur! pitié pour une pauvre fille inocente et calomniée à vos yeux, s'écria Madeleine en larmes, en tombant les mains jointes aux genoux de l'oncle de son amant.

— Relevez-vous, mon enfant, et soyez

assurée que vous n'avez plus rien à redouter de ma part, car je suis entièrement revenu des sujets de plainte que j'ai eu jadis contre vous, et, votre vertu, dont j'ai des preuves certaines, m'a donné toute l'estime qu'on peut ressentir pour une fille qui en est aussi digne que vous.

— Quoi, monsieur, vous seriez assez bon pour pardonner à la pauvre paysanne.

— Madeleine, interrompit le comte

en relevant la jeune fille, ne parlons pas de votre condition première ; je vous sais bon gré cependant de m'en faire l'aveu si aisément. Le manque de naissance, mon enfant, est un caprice du hasard dont on ne doit se souvenir que lorsque le vice l'enlaidit : la sagesse, chez une femme, les grandes actions chez un homme la font oublier, la dépouille de ce qu'elle a de bas.

Maintenant que vous êtes certaine que je reste votre ami, je voudrais que vous

me disiez, avec cette franchise qui carac-
térise une âme honnête et qui sied si
bien à la vertu comme à la probité, où
vous en êtes avec mon neveu? J'ai des
raisons pour vous faire cette question,
et si vous y répondez comme je le désire,
je vous en tiendrai compte et vous ne
regretterez sûrement pas de m'avoir satisfait sur un point qui me touche de
bien plus près que vous ne le pensez.
La vérité et la confiance sont d'un si
grand poids dans mon esprit qu'elles

l'emportent sur toutes les autres qualités, termina le comte.

— Hélas! je vous nierai en vain, monsieur, répondit Madeleine d'une voix émue, que monsieur votre neveu ne me soit point cher, il a des qualités si séduisantes et qui annoncent tant de probité, que mon cœur n'a pu se défendre contre son mérite. Je manquerais à cette vérité dont vous êtes partisan si je vous trompais à ce sujet. Je pourrais employer les termes de l'estime pour exprimer les sentiments qu'a su m'inspirer monsieur le marquis de Vardes, mais je ne veux ni ne dois vous tromper. Oui, monsieur, j'aime votre neveu avec toute la sincérité dont je suis capable.

— Vous êtes une fille charmante, Madeleine, et votre franchise redouble mes sentiments d'estime en votre faveur. Continuez à me parler naturellement. Dites-moi d'abord quelles sont vos vues sur mon neveu, et avouez-moi ensuite avec la même bonne foi de qui vous tenez le secours nécessaire à votre existence?

— Mes vues sur monsieur votre neveu, monsieur? Hélas! le calcul est-il jamais entré dans ma pensée? oh non! Votre neveu m'a dit que je lui étais agréable, qu'il m'aimait, et moi, pauvre fille des champs, innocente et ne voyant aucun mal à aimer qui nous aime, je me suis prise à l'aimer sans inquiétude de ce qu'il adviendrait de ce tendre sentiment.

— Et le marquis, certain d'être aimé de vous, n'aurait-il pas essayé d'abuser de votre innocence et de la faiblesse de votre cœur? demanda le comte.

— Jamais, monsieur, et c'est le respect délicat que m'a sans cesse témoigné monsieur de Vardes qui m'a fait l'aimer et l'estimer davantage, car j'ai juré à ma pauvre mère expirante de vivre en fille sage, de n'oublier jamais les principes d'honneur qu'elle m'a donnés, et si monsieur votre neveu avait essayé de me faire dévier à ce sentiment d'honneur je l'eus méprisé et chassé de ma présence comme indigne de mon cœur et de mon estime ! Maintenant, monsieur, pour ce qui concerne mes moyens d'existence qui suffisent à mes goûts modestes et frugals, apprenez que je tiens de la générosité du roi une honnête pension que Sa Majesté daigne me faire sur sa cassette particulière.

—Quoi, le roi vous fait une pension? Mais comment? A quel titre? s'informa le comte fort surpris.

— En qualité de protégée de Sa Majesté, répondit Madeleine.

— Vous, Madeleine, la protégée du roi?

— Oui, monsieur le comte, faveur bien honorable sans doute, dont beaucoup d'autres s'estimeraient heureux et qui ne m'a valu à moi que chagrins et tourments.

— Expliquez-vous, Madeleine, fit le comte avec empressement.

— Monsieur le comte, voulez-vous me permettre de vous raconter ma triste histoire ?

— J'ai le plus grand désir de la connaître, ma chère enfant, parlez, je vous écoute.

Ainsi autorisée, Madeleine entama le récit de ses aventures à partir du jour où elle avait rencontré le roi Louis XV dans la forêt de Rambouillet, récit qu'écouta le vieux seigneur très-attentivement.

— Pauvre Madeleine, fit-il, lorsque la jeune fille se fut tû, comme en me trompant on m'a rendu cruel envers vous! oh! maintenant, vivez en paix, car vous ne pouvez plus rien avoir à craindre de la méchanceté de vos ennemis du moment que je vous prends sous ma protection. Quant à la pension que vous pensez devoir à la générosité du roi, je doute fort qu'elle provienne de cette source royale et veux m'en assurer. En tout cas, soyez sans inquiétude à ce sujet, car vous avez en moi un ami qui veillera à ce que rien ne manque à vos besoins ainsi qu'à vos caprices, qu'il s'empressera de satisfaire.

— Merci, monsieur, de cette tendre sollicitude, mais ma seule ambition est de vivre en paix et ignorée dans cette maison que monsieur votre neveu m'a donnée pour demeure.

— Madeleine, j'admire votre modestie, mais si vous tenez à ce que nous soyons toujours d'accord, il faut obéir à votre vieil ami et accepter sans murmurer ce qui lui plaira de faire pour vous. Ainsi donc, disposez-vous à quitter sous peu de jours cette maison indigne de vous pour aller habiter mon hôtel de Paris, en compagnie de votre gentille amie, mademoiselle Madelon, et dans lequel nous célébrerons ses noces avec son prétendu, monsieur Éloi, auquel je réserve un emploi dans ma maison.

— Ah! monsieur, que vous êtes bon et combien je vous suis reconnaissante! s'écria Madeleine.

— Ne me remerciez pas, mon enfant, ce que je fais pour vous n'est que la réponse à la lettre anonyme que j'ai reçue ce matin, qui m'a été adressée dans le but de nous brouiller ensemble, de la part sans doute du marquis de Bracieux ou de sa méchante sœur, dit le comte en se levant et tout en prenant amicalement la main de Madeleine, qu'il quitta un instant après en lui faisant la promesse de revenir la voir le lendemain.

La conduite amicale du comte de Charly à son égard, maintenant qu'il la connaissait, jetait Madeleine dans une étrange surprise; comment se faisait-il que l'homme qui l'avait persécutée, qui avait poussé la sévérité jusqu'à la faire enfermer dans un couvent en l'intention de l'y retenir jusqu'à la fin de ses jours, était-il si vite revenu sur son

compte et lui prodiguait-il autant d'é-
gards qu'il lui avait manifesté de haine?
N'était-elle pas toujours cette paysanne, cette Madeleine aimée de son neveu? ne l'avait-elle pas trompé en se
donnant à lui sous un nom supposé?
Encore une fois, d'où provenait donc
un retour si subit? Ses attraits, que
chacun se plaisait à lui reconnaître,
auraient-ils eu assez d'empire pour as-
sujettir l'oncle comme ils avaient assu-
jetti le neveu? En admettant cette or-

gueilleuse supposition, Madeleine n'avait-elle pas lieu alors de craindre davantage le comte de Charly que par le passé? Qu'est-ce qui assurerait à notre jeune fille, que cet homme qui la contemplait avec des yeux remplis de tendresse, n'avait pas le coupable dessein de lui faire acheter son indulgence et ses soins par des complaisances coupables, attentatoires à son honneur?

— Mon Dieu! que je suis folle de m'inquiéter ainsi, pensa de nouveau

Madeleine, pourquoi ce vieillard voudrait-il me tromper? S'il avait des intentions à mon égard qui ne fussent point convenables, me féliciterait-il autant sur ma sagesse et ma conduite? Ne dois-je pas penser au contraire que ce sont ces qualités qui m'ont vallu sa bienveillance, et que s'il en fait tant de cas, ce n'est que pour m'encourager à demeurer toujours digne de l'estime des honnêtes gens...

Et pourtant, il ne m'a rien dit de son

neveu! il ne m'a point parlé de ce qu'il comptait faire en faveur de l'amour qui unit nos deux cœurs, soupira Madeleine, dont le retour de Madelon interrompit les graves réflexions, Madelon à qui elle s'empressa d'apprendre la longue visite que lui avait faite le comte et de l'instruire de tout ce qui s'était dit entre lui et elle.

— Ainsi voilà le grand secret découvert, celui que tu craignais tant de trahir, et le cher homme ne t'en a pas moins fait bonne mine? fit en riant Madelon.

— Bien au contraire, chère amie, le comte, au lieu de me garder rancune ne m'a fait que plus d'amitiés, au point qu'il exige que nous allions habiter toutes deux son propre hôtel, où on célébrera ta noce avec Éloi, auquel il veut donner un bon emploi dans sa maison.

— Décidément, Madeleine, cet homme-là est le roi des hommes, et, s'il n'était si vieux, je croirais qu'il est amoureux de toi.

— O ciel! ne dis pas cela, Madelon, car tu me fais une peur affreuse. Enfin, croiras-tu que, tout à l'heure, telle était la pensée qui m'effrayait.

— Ma chère amie, tu es trop ingénieuse à te tourmenter, et, loin de t'affliger, félicite toi au contraire; car, de la façon dont tournent les choses, je vois que bientôt je saluerai en ta personne madame la marquise de Vardes.

— Ah! Madelon, puis-je jamais espérer qu'un pareil bonheur me soit dévolu?

— Espère, mon ange, espère, répondit Madelon, lorsque plusieurs coups frappés à la porte de la rue en annonçant un visiteur firent accourir Madelon pour ouvrir au marquis de Vardes, lequel lui sauta au cou pour l'embrasser, puis aussitôt prit sa course vers la maison en appelant Madeleine, qui, ayant reconnu sa voix, accourut au-devant de lui pour tomber dans ses bras et en recevoir un baiser.

— D'où venez-vous en droite ligne, mon beau monsieur? demanda Madelon au marquis.

— D'Amiens, ma chère Madelon, répondit de Vardes, tout en prodiguant à Madeleine les plus tendres caresses.

— Et, depuis votre entrée dans Paris, vous n'avez vu ni parlé à personne?

— Non, Madelon, car j'avais trop hâte de revoir ma Madeleine adorée; mais pourquoi ces questions? demanda le marquis.

— Afin de vous faire savoir, monsieur, qu'il est fort imprudent de tomber ainsi chez des dames sans s'être fait annoncer, et vous apprendre que si vous étiez arrivé ici une heure plus tôt, vous courriez le risque de vous y rencontrer avec un rival, notre nouvel amoureux, enfin.

— Quelle plaisanterie!... Madeleine,

expliquez-moi donc ce que dit cette rieuse de Madelon.

— Mon ami, c'est qu'il s'est passé une chose étrange durant votre absence... Sachez que votre oncle m'a retrouvée, qu'une lettre anonyme lui a révélé qui je suis.

— Grand Dieu! fit le marquis avec effroi.

— Oh! il n'y a pas de quoi s'effrayer tant que cela! mon cher monsieur, car votre oncle, qui est le meilleur et le plus aimable des hommes passés, présents et futurs, nous a pardonné d'être ce que nous sommes, et nous aime comme si nous étions ses enfants! reprit Madelon.

— Il se pourrait! fit de Vardes, auquel Madeleine s'empressa de rendre compte des visites du comte et des entretiens qu'elle avait eus avec lui.

— Madeleine, vous me voyez dans une surprise extrême, et, d'honneur, à tout ce que vous venez de me raconter, j'ai peine à reconnaître mon oncle... De grâce, répétez-moi encore qu'il vous aime, qu'il vous estime, que nulle colère ne se manifestait dans ses yeux lorsqu'il vous a dit qu'il vous savait être ma bien-aimée!

CHAPITRE SEPTIÈME.

VII

Madeleine s'empressa de satisfaire le marquis, lequel, fou de joie, embrassa de nouveau les jeunes filles et leur annonça ensuite que l'impatience qu'il endurait ne lui permettait pas davantage de rester près d'elles, tant il avait hâte de se rendre auprès de son oncle afin d'entendre de sa bouche la confirmation de son bonheur.

— Hélas! ne vous flattez pas si vite, mon ami, car, je vous le répète, monsieur votre oncle ne m'a rien fait espérer! soupira Madeleine.

— Mon oncle vous connaît maintenant, il a sù apprécier votre mérite, il vous estime, alors je puis tout espérer, répondit de Vardes, qui tarda peu à prendre congé de Madeleine pour se faire conduire à l'hôtel de son oncle, où il apprit que ce dernier, après avoir donné différents ordres, était parti pour Versailles.

Cette déception engagea le marquis à retourner chez Madeleine, afin d'achever la journée auprès d'elle; mais le lendemain, ce fut de grand matin qu'il se mit en route pour Versailles, où il se présenta devant son oncle qui le reçut avec froideur.

— D'où venez-vous, monsieur? Parlez avec franchise.

— De Paris, mon oncle, où je suis arrivé hier soir.

— Vous avez été faire une visite à votre maîtresse?

— Oui, mon oncle, à Madeleine, qui m'a comblé de la joie la plus vive en me parlant de vous, en m'apprenant combien vous l'aimez et l'estimez.

— Fort bien! mais qu'augurez-vous de ces sentiments à l'égard de cette jeune fille ?

— Que, connaissant mieux Madeleine, vous vous plaisez à rendre justice à ses précieuses qualités.

— Vous pensez juste, marquis. Oui, cette fille, qu'on avait injustement calomniée à mes yeux, est en effet digne de l'estime du monde.

— Oh! vous avez raison, mon oncle,

Madeleine est un ange! fit de Vardes avec feu.

— Une fille adorable! ajouta le comte.

— Et vous me permettez, n'est-ce pas, mon oncle, de lui continuer mes visites?

— Vous voulez dire, de lui continuer votre cour?

— Oui, mon oncle, car je l'aime!

— Eh bien! monsieur mon neveu, je vous défends de la revoir, et vous ordonne de partir à l'instant même pour l'armée, où, d'après mes sollicitations, vous envoie Sa Majesté. "

— Quoi! vous voulez m'éloigner de Madeleine, me priver du bonheur de la voir et de l'entendre? Ah! mon oncle, vous êtes cruel envers moi!

—Mon cher neveu, le roi, en ce moment, a besoin de braves et loyaux officiers pour commander ses troupes; et je ne présume pas que, vous ayant choisi pour remplir l'un de ces grades, vous repoussiez l'honneur qu'il vous fait, pour soupirer aux pieds d'une femme et passer auprès d'elle vos jours dans la mollesse et l'inaction.

— L'honneur parle, et j'obéirai quand même, mon oncle; mais, par pitié, laissez-moi voir encore une fois Madeleine! et avant que je ne m'éloigne pour longtemps, peut-être pour toujours, hélas! permettez-moi d'espérer qu'un jour vous ne porterez plus obstacle à une union qui me promet un bonheur parfait.

— Le temps, mon cher neveu, me dictera ma conduite; en ce moment, je ne puis répondre de rien. Quant à revoir cette fille, le roi ne vous en accorde pas le loisir : Sa Majesté exige que vous vous mettiez en route aujourd'hui, à l'instant même.

— Quoi! pas un jour, pas une heure de grâce?

— Pas une heure, comme vous le dites fort bien! fit en souriant le comte.

— Mais ceci est de la tyrannie!! Je ne puis cependant m'éloigner sans en prévenir Madeleine ni lui faire mes adieux?

— Il faut pourtant qu'il en soit ainsi. Croyez-moi, de Vardes, obéissez, et cela en vos intérêts. Oui, par une coupable insubordination, craignez de mécontenter le souverain qui vous honore de sa confiance en vous élevant à un grade honorable; craignez aussi de m'indisposer par une désobéissance dont un jour je serais en droit de vous tenir compte... Consentez-vous, maintenant, et pour la dernière fois, à partir sur-le-champ, sans même revoir Madeleine?

— Quoi qu'il m'en coûte infiniment, j'obéirai, mon oncle; mais, avant de m'éloigner, permettez-moi de vous recommander celle que j'aime, promettez-moi de veiller sur elle et de la protéger.

— Je vous le promets, mon cher neveu. Partez en paix, et que Dieu vous protége, qu'il vous rende à ma tendresse plein d'honneur et de santé... Allez, car voilà vos instructions que m'a fait remettre ce matin le ministre, et vos équipages, que j'ai fait préparer, vous attendent dans la cour de cet hôtel.

En disant ainsi, le comte remettait un pli au marquis, qu'il embrassa avec tendresse et prit par le bras pour le conduire dans la cour de l'hôtel, le pousser dans une chaise de poste et ordonner au postillon de fouetter ses chevaux.

La chaise partit avec rapidité, suivie de quatre hommes à cheval, dont le marquis n'avait pas remarqué la présence.

— Allons donc ! m'éloigner ainsi sans l'en prévenir, sans lui adresser mes adieux, mais ce serait indigne, capable de la faire douter de mon amour. Postillon ! tournez bride et rentrez dans Paris, où il m'importe de parler à un ami, cria de Vardes; mais faisant la sourde oreille, le postillon n'en continuait pas moins d'aller tout droit en animant ses chevaux.

— Ne m'as-tu pas entendu, faquin? je t'ai ordonné de tourner bride.

— Cela m'est défendu, mon gentilhomme.

— Ah! et qui t'a fait cette défense?

— Le ministre.

— Tu te moques de moi sans doute, coquin... Obéis, te dis-je, si mieux tu ne préfères que je t'applique une correction.

Et comme le postillon continuait de marcher sans daigner répondre, le marquis furieux ouvrit la portière et s'élança sur la route, où il se vit à l'instant même entouré par les quatre hommes qui, depuis son départ, suivaient sa voiture.

— Monsieur le marquis, de par ordre supérieur, veuillez remonter en voiture, dit l'un d'eux poliment.

—Corbleu, remontez moi vous-même, car je ne puis plus bouger de place, grâce à l'affreuse entorse que je viens d'attraper en sautant et qui me fait souffrir en diable, dit de Vardes qui se sentait défaillir.

— Aussi, mon gentilhomme, pourquoi vous avisez-vous de commettre une imprudence semblable à celle de descendre d'une voiture qui court la poste, au risque de vous tuer ou de vous casser les jambes ? disait l'un des quatre hommes, aidé de ses camarades, tout en replaçant le marquis dans la chaise.

— Maintenant, messieurs, veuillez m'expliquer comment vous vous trouvez ici pour m'imposer vos volontés ?

— Monsieur le marquis, nous agissons en vertu des ordres qui nous ont été donnés, lesquels nous enjoignent de vous accompagner jusqu'à Strasbourg et de ne pas vous quitter de vue.

— Ainsi je suis votre prisonnier et

contraint de me soumettre à vos volontés ! reprit de Vardes avec dépit.

— Du moins, monsieur le marquis, aux ordres que nous avons reçus.

— Et si je refusais de m'y soumettre ?

— En pareil cas, et à notre grand regret, nous nous verrions dans le cas de vous y contraindre.

— Fort bien ! et ne pouvant mieux faire, je me soumets, messieurs, mais vous permettrez néanmoins que je m'arrête à la première auberge qui se présentera afin d'y faire bander le pied dont je souffre en ce moment?

— Certes, monsieur, car excepté de vous laisser retourner en arrière, nous avons ordre de vous obéir en tout point, répondit l'un des hommes.

Laissons le marquis sur la route, et, usant du privilége qui lui est interdit, retournons à Paris, pour pénétrer dans une maison située rue des Lions-Saint-Paul, afin d'y entendre et de rapporter ici la conversation de deux personnages que nous trouvons réunis dans un élégant salon.

— Ainsi, cher frère, décidément vous renoncez à cette Madeleine, et de sang-froid vous laisserez triompher votre rival ? disait une jeune fille à un jeune homme dont la pâleur du visage indiquait le mauvais état de la santé, et à côté duquel elle était assise sur un sopha.

— Sambleu ! Hélène, voulez-vous

donc que je m'expose une seconde fois à me faire assassiner par cette fille brutale en essayant de nouveau d'attenter à son honneur qu'elle défend en lionne furieuse ! Une gaillarde que les blessures dont elle a gratifié ma tête à coups de caillou, m'ont mis à deux doigts de la mort ? Passe encore si mes forces étaient entièrement rétablies, alors consentirais-je peut-être à essayer de me rendre maître de sa personne par la ruse et l'adresse, mais en ce moment il y a chez moi impossibilité d'agir, ce que m'ordonne mon médecin. Ensuite je vous avouerai franchement, Hélène, que je commence à me lasser de persécuter cette pauvre fille qui me déteste cordialement, à juste titre ! et de laquelle je ne dois espérer nulle sympathie en ma faveur.

— Je conçois, Gontrand, que vous renonciez facilement à satisfaire un caprice, que vous consentiez à oublier cette fille; mais moi, à qui elle a ravi l'homme que j'aimais, celui que j'espérais et désirais épouser, moi qui la sais dans les bonnes grâces du comte de Charly dont elle est devenue la favorite et la protégée, qui la vois, en dépit de ma haine et de mes efforts, l'emporter sur moi, prête à devenir la femme du marquis, je ne puis consentir à la laisser jouir en paix de tant de bonheur et puisque vous refusez, Gontrand, de vous unir à ma vengeance, et de punir en elle votre assassin, eh bien ! j'agirai seule fit Hélène de Bracieux, le visage en feu.

— Hélène, chère et vindicative femelle, souvenez-vous que notre mère, en nous quittant dernièrement, pour aller, disait-elle, cacher sa misère dans la lointaine province où vous et moi avons refusé de la suivre, souvenez-vous, dis-je, qu'elle nous a fait promettre de laisser Madeleine en repos.

— En effet! mais je n'ai rien promis, reprit Hélène.

— Ni moi non plus, refus qui a fortement indisposé la baronne contre nous, et la fit s'éloigner sans daigner nous embrasser, ni même nous souhaiter bonne chance dans les entreprises de fortune que nous venions tenter à Paris.

— Seriez-vous, mon frère, devenu superstitieux au point d'attribuer à la mauvaise humeur de notre mère, le peu de bonheur dont nous jouissons en ce moment? alors j'aurais peine à reconnaître en vous, s'il en était ainsi, l'insouciant et hardi vicomte de Bracieux, reprit Hélène en souriant avec ironie.

— Peut-être ! car un guignon maudit s'est plu à contrarier nos espérances ; de votre côté, Hélène, en ne vous offrant jusqu'alors que des amants ruinés où vous espériez trouver un mari riche et généreux ; moi, en me faisant perdre au jeu jusqu'à ma dernière pièce d'or, ce qui nous réduit aujourd'hui à vivre d'emprunts, sans savoir si nous pourrons jamais rendre. Or, comme la position est loin d'être satisfaisante, prenez garde, Hélène, d'aggraver davantage ce qu'elle a de fâcheux en nous faisant un ennemi du puissant comte de Charly, ce qui arriverait indubitablement si vous vous avisiez de toucher à sa protégée et qu'il vînt à l'apprendre.

— Dussé-je m'attirer la haine de cet homme, je ne renoncerai pas au plaisir de me venger de cette Madeleine, de la perdre, si cela est en mon pouvoir, répondit Hélène avec force; puis, reprenant :

— Décidément, Gontrand, vous ne voulez point me seconder?

— Non, en ce moment, je ne m'en sens ni la force ni le courage, répondit le vicomte auquel la jeune fille colère tourna les épaules pour quitter le salon.

— Renoncer à Madeleine ! à ce friand

morceau dont je suis gourmand en diable! Non pas! Reviennent chez moi le courage avec les forces et je prendrai ma revanche, belle Madeleine, et, cette fois, bien fin sera le diable s'il parvient à vous tirer de mes mains, murmura le vicomte resté seul.

CHAPITRE HUITIÈME.

VIII.

Un mois s'est écoulé depuis ce dernier entretien entre Gontrand et sa sœur, depuis que le marquis de Vardes s'est éloigné forcément de sa chère Madeleine, depuis enfin que cette dernière, comblée d'égards, de riches présents, par l'oncle de son amant, ne se sent point encore heureuse, car une vive inquiétude lui torture le cœur, inquiétude causée par l'absence de son cher marquis, qu'elle n'a pas revu, dont elle n'a reçu aucune nouvelle depuis longtemps, duquel elle n'ose s'informer au comte, qui, lui-même, semble éviter toutes les occasions de lui en parler.

— Pourquoi cette longue absence ?

ce silence absolu ? Se demandait Madeleine en pleurant ; aurait-il cessé de m'aimer ou plutôt une nouvelle tyrannie de la part de son oncle l'aurait-il éloigné ou lui aurait-il imposé l'ordre cruel de ne plus la revoir ?

—Eh bien! moi j'en aurai le cœur net et, pas plus tard que ce soir, lorsque le comte viendra nous faire sa visite habituelle, je veux lui parler de son neveu, le forcer à nous dire ce qu'il en a fait, où il l'a fourré, dit vivement Madelon.

— Chère Madelon, prends garde d'indisposer le comte contre nous en le forçant de nous dire ce que son silence nous a caché jusqu'à ce jour, dit Madeleine effrayée.

— Bah! tu as toujours peur, chère amie. En vérité tu n'as pas plus de force dans le caractère qu'un enfant de huit jours. Va, laisse-moi faire; je m'y prendrai d'une façon si doucette pour obtenir du comte ce que nous désirons savoir, qu'il n'aura pas le courage de s'en fâcher.

— N'importe, Madelon, prends bien garde !

— Sois sans inquiétude, ma langue sera toute de miel, fit Madelon en riant.

— Mais ne dois-tu pas t'absenter ce soir avec Éloi, pour aller faire dans la ville quelques emplètes nécessaires à ton trousseau de noce? car tu te maries dans huit jours, ma chère Madelon.

— Je te promets de rentrer assez à temps pour avoir celui de confesser notre cher comte, répondit Madelon.

Dans la soirée de ce même jour et Madeleine étant seule, le bruit d'un carrosse qui entrait dans la cour annonça à notre jeune fille l'arrivée du comte, à la rencontre duquel elle s'empressa de courir, lequel la reçut en lui déposant un baiser sur le front.

Madeleine emmena le vieux seigneur au salon et le fit asseoir près d'elle sur un canapé.

Le comte, qui ce soir-là était vêtu avec plus de richesse et d'élégance que de coutume, dont le visage était souriant, débuta par prendre la main de Madeleine puis par s'informer, le plus poliment du monde, des nouvelles de sa santé, si la solitude dans laquelle elle vivait ne lui était pas quelquefois insupportable.

— Non, monsieur, car cette solitude convient à mes goûts et c'est sans jamais éprouver un instant d'ennui que le temps s'écoule pour moi dans l'étude et le travail.

— Voilà qui est admirable et fait votre éloge, ma chère Madeleine, car il est rare de trouver à votre âge un fond si sûr de raison et d'éloignement pour le monde, et je ne suis pas surpris, en vous voyant ainsi, douée de mille qualités, que vous inspiriez d'aussi grandes passions.

A propos, Madeleine, savez-vous que vous avez fait une conquête qui fait grand honneur à vos charmes? Un homme qui compte la soixantaine, et de haute condition, renferme pour vous dans son cœur le désir de vous rendre heureuse et m'a fait la confidence du tendre sentiment que vous lui avez inspiré ; malgré son âge il est en état de plaire par sa complaisance et par les intentions dont je le connais capable ; j'ai fait mes efforts pour le persuader qu'ayant l'esprit aussi solide que vous l'avez, il ne risquait rien à vous faire part de ses sentiments, mais il ne veut, m'a-t-il dit, se faire connaître que lorsqu'il pourra se flatter que son aveu ne sera point rejeté.

Le comte, en tenant ce discours, regardait fixement Madeleine qui l'écoutait les yeux baissés et toute émue.

— Permettez-moi, monsieur le comte, de n'accepter le langage que vous venez de me tenir que comme un spirituel badinage, fit la jeune fille.

— Madeleine, je vous jure que de ma vie je n'ai parlé plus sérieusement et que la chose est telle que je viens de la rapporter ; n'en parlons plus, car elle semble ne vous intéresser encore que fort peu, mais il viendra peut-être un temps plus favorable ; d'ailleurs, un amant sexagénaire est fait pour attendre.

Le comte, en disant ainsi paraissait triste et interdit, Madeleine fort embarrassée ne savait ce qu'elle devait répondre, car cet amant dont le comte venait de lui parler avait tant de rapport à lui-même qu'elle l'avait deviné en sa personne, avec autant d'effroi que de douleur ; ce dont s'apercevant le vieux seigneur, fit qu'il s'empressa de changer l'entretien, pour apprendre à la jeune fille qu'il travaillait pour elle à la cour, qu'il l'avait rappelée au souvenir du roi, auquel il avait vanté sa beauté et son mérite et qu'il ne serait pas surpris, d'après la manière dont le roi l'avait écouté et interrogé ensuite, qu'il ne la fît appeler un de ces jours à la cour.

— Au nom du ciel! faites qu'il n'en soit pas ainsi! Qu'irai-je faire à la cour, moi, pauvre fille étrangère aux usages du monde, et dont le plus ardent désir est de vivre ignorée.

— Quoi! Madeleine, vous, si bien faite pour l'embellir de votre présence, vous voulez fuir la cour où vous attendent les hommages du roi et de la noblesse?

— Oui, monsieur, fit la jeune fille.

—Cependant, si le maître exige votre présence, il faudra pourtant que vous obéissiez.

— Ce sera alors avec le plus grand regret.

— En vérité, je vous admire, Madeleine, et votre modestie m'enchante. Ah! que celui qui sera aimé d'une femme comme vous aura le droit d'être fier et heureux!

A ces mots, Madeleine leva sur le comte un regard où se peignait la surprise, puis elle se dit avec douleur :

—Mais il a donc oublié que j'aime son neveu et que j'en suis aimée?

A ce moment, un bruit de pas se fit entendre dans la pièce précédente; c'était Madelon qui rentrait.

— Monsieur le comte, je suis votre humble servante, dit la jeune fille en se présentant.

— Soyez la bien venue, ma chère Madelon, fit le seigneur en souriant, vous venez de la ville?

—Oui, monsieur le comte, y faire emplette de coquetterie à l'usage d'une mariée.

— En effet, c'est dans huit jours que l'heureux Éloi devient votre mari?

— De par votre grâce, monsieur,

vous, dont la bonté généreuse a daigné s'étendre sur mon futur et sur moi.

— Ne parlons pas de cela, Madelon, et soyez heureuse autant que vous méritez de l'être, ce qui ne peut manquer d'arriver lorsqu'on épouse celui ou celle qu'on aime.

— Ah ! pourquoi chacun ne peut-il en faire autant? répliqua Madelon en fixant Madeleine, paroles dont le comte comprit le sens, mais qu'il laissa sans réponse.

—Figurez-vous, monsieur, reprit Madelon, que tout à l'heure, dans la rue, j'ai cru reconnaître monsieur le marquis, votre neveu, dans une personne qui a passé à côté de moi.

—Vous vous êtes trompée, mademoiselle, car mon neveu est depuis un mois à l'armée, où il se bat pour son roi et son pays, répondit froidement le comte.

— A l'armée ! exposé à perdre la vie ! s'écria Madeleine d'un accent désespéré et de qui les traits venaient de se couvrir d'une pâleur mortelle.

— Quoi! vous blâmeriez, Madeleine, un soldat de faire son devoir? Mon neveu n'est-il pas dans l'âge où un homme doit travailler à s'acquérir quelque gloire, à justifier le titre de gentilhomme, que la nature lui a donné en naissant?

— Rien de plus juste et de plus honorable, reprit Madelon, mais ce que doit faire encore un gentilhomme, est de ne pas manquer d'égards envers ses amis, de ne point partir sans leur adresser un adieu.

— Votre réflexion est assez juste, ma chère Madelon, mais il faut excuser mon neveu, auquel un ordre du roi enjoignait de partir instantanément, et qui ne lui laissait que le temps tout juste de m'embrasser, celui de monter en voiture et de quitter Paris au grand galop.

Madeleine était attérée et les larmes coulaient de sa paupière ce dont feignit de ne point s'apercevoir le comte, qui, d'un ton badin, en lui prenant la main, lui dit :

— Belle Madeleine, je vous quitte pour retourner à Versailles ce soir même, et, à mon retour, sous trois jours au plus, j'espère, en venant vous faire ma visite, m'entretenir de nouveau avec vous du vieux gentilhomme dont vous avez séduit le pauvre cœur.

Le comte avait à peine pris congé d'elle, que Madeleine se jeta en larmes dans les bras de Madelon en s'écriant :

— Amie, plus d'espoir! ah! je suis bien malheureuse!

— Hélas! qu'as-tu? d'où naît ce désespoir subit? s'informa Madelon avec inquiétude.

— Madelon, le comte m'aime d'amour, et c'est pour se débarrasser d'un rival qu'il a fait partir son neveu pour l'armée.

— Quoi! cette vieille perruque serait amoureux à son âge? cela n'est pas possible! Tu t'abuses, Madeleine.

— Hélas! je le voudrais! mais comment en douter lorsque tout à l'heure, sa bouche me l'a fait entendre.

— Comment! il a osé te faire sa déclaration? Oh! je ne m'étonne plus maintenant de tout ce qu'il fait pour toi, de ses soins, de sa générosité. Le vieux drôle tient à t'ensorceller, et complote, le sournois, derrière, de te souffler à son neveu... Ah! ça, qu'as tu répondu à l'amoureux langage de ce mûr tourtereau?

— Je me suis efforcée de sourire, en lui faisant comprendre que je n'acceptais ces paroles que comme un badinage, et comme j'insistais à ne vouloir les prendre au sérieux, j'ai surpris le mécontentement dans ses yeux, et, découragé sans doute, il a changé de langage.

— Diable, diable! il ne manquerait plus, pour surcroit de guignon que, voyant sa flamme repoussée, le comte ne te reprenne en grippe.

— Ce qui arrivera indubitablement, Madelon ; cet homme ne me pardonnera pas de préférer son neveu à lui, et, d'ailleurs, ne devines-tu pas, ainsi que moi, que le chagrin de savoir le marquis loin de moi, exposé à perdre la vie sur un champ de bataille, et le silence où me laisse ce bien-aimé sur son compte, sont déjà, pour moi, les funestes résultats de la ridicule passion de son oncle.

— Cela m'en a tout l'air, et je soupçonne même le comte de recommencer son ancien manége en interceptant de nouveau les lettres que ne peut manquer de t'adresser le marquis.

— Cependant, je crois qu'il serait pour ainsi dire impossible à l'oncle d'arrêter et de confisquer les lettres que son neveu fait jeter à la poste, observa Madeleine.

— Crois-tu donc, alors, qu'il soit possible à ton amant de t'oublier?

— Oh! non, je ne le pense pas! fit Madeleine avec assurance.

— Puis encore, après s'être éloigné de toi sans avoir le temps de t'en prévenir et de te faire ses adieux, M. de Vardes soit assez insouciant de ton repos pour rester un mois entier sans t'envoyer de ses nouvelles et ses consolations ?

— Tu as raison, amie, le comte retient les lettres que m'envoie son neveu.

—La chose est certaine, crois-le bien, d'autant plus que pour escamoter lesdites missives, il ne s'agit tout bonnement que d'avoir gagné un des valets qui entourent le marquis.

— Ah! que ne savons-nous où est le marquis, afin de le prévenir de la perfidie de son oncle! observa Madeleine en soupirant.

Un coup qui retentit à ce moment sur la porte du jardin fit courir Madelon pour ouvrir à Éloi, lequel lui apparaît la figure souriante.

— Qu'avez-vous donc, Éloi, pour paraître aussi gai?

— C'est que je suis porteur d'une bonne nouvelle, ma petite Madelon.

— Alors, soyez le bienvenu doublement aujourd'hui, et hâtez-vous de venir la révéler à notre Madeleine.

Éloi, en entrant dans la chambre où se trouvait Madeleine, s'empressa de

sortir une lettre de sa poche et de s'é-
crier :

— Une lettre du marquis, qui m'est
adressée pour vous la remettre, Madeleine.

— Quel bonheur! fit Madelon, tandis
qu'en tremblant Madeleine s'empressait
de briser le cachet :

« Madeleine, âme de ma vie ! voilà un
» grand mois qu'un ordre tyrannique
» m'a forcé de m'éloigner de vous, un
» mois pendant lequel je n'ai cessé de

» vous écrire chaque jour, ne recevant
» nulle réponse de vous, et douloureu-
» sement affecté de ce silence, la pensée
» m'est enfin venue que, mon oncle, fi-
» dèle à son système d'autrefois, pou-
» vait fort bien intercepter de nouveau
» les lettres que je vous adressais. Pour
» quelle raison? c'est ce que je ne puis
» comprendre, aujourd'hui qu'il vous
» connaît, vous estime, et semble ap-
» prouver notre mutuel amour. C'est
» alors, cher bien-aimée, que m'est ve-

» nu l'idée d'adresser directement cette
» dernière lettre à l'ami Éloi, bien cer-
» tain qu'il s'empressera de vous la re-
» mettre aussitôt qu'elle lui sera parve-
» nue, cette lettre que, pour éviter toute
» surprise ou trahison, je porte moi-
» même à la poste.

» Enfin! si je suis assez heureux,
» comme je le pense, pour qu'elle vous
» parvienne, hâtez-vous, chère Made-
» leine, d'y répondre, afin de tranquil-
» liser mon âme à votre endroit, et

DES AMOURS. 305

» aussitôt le reçu de votre lettre, je
» m'empresserai de vous adresser une
» seconde missive plus détaillée, dans
» laquelle, chère bien-aimée, je vous
» dépeindrai l'état de mon cœur, où je
» vous dirai tout l'amour qu'il renferme
» pour vous.

» Je m'arrête ici, car je n'ose m'ou-
» vrir d'avantage, n'étant pas certain si
» un démon ennemi de mon bonheur
» n'escamotera pas ma lettre en route.
» Adressez-moi la vôtre poste restante,

» à Strasbourg, où mon régiment est
» retenu et attend des ordres supérieurs
» pour passer la frontière.

» Adieu, Madeleine, adieu, vous que
» j'aime plus que la vie. »

—Bravo! s'écria Madelon, après avoir écouté. Maintenant, monsieur le comte, vous serez plus malin que le diable si vous venez à bout de confisquer notre correspondance.

Et nos trois amis, dont la lettre de de Vardes' avait réconforté le cœur, se livraient à une douce causerie, lorsqu'ils entendirent frapper de nouveau à la porte de la rue.

— Restez, Éloi, je vais voir qui c'est, dit Madelon en retenant le jeune homme qui se disposait à aller ouvrir.

— Qui demandez-vous, messieurs? s'informa Madelon, après avoir ouvert aux quatre hommes vêtus de noir, à la mine sévère, qui se présentaient à elle.

— C'est ici que demeure demoiselle Madeleine Lambert?

— Oui, que lui voulez vous ? demanda la jeune fille.

— L'arrêter au nom du roi.

—L'arrêter ! fit Madelon en pâlissant, alors faites votre devoir, messieurs, je me mets à votre disposition.

— C'est donc vous qui êtes la fille que nous avons ordre d'arrêter? dit le chef des exempts.

— Hélas ! oui, mais quant à savoir pour quel crime, je l'ignore.

— Alors, suivez-nous.

— Volontiers, messieurs, car certaine que je suis d'être une honnête fille, je crois ne rien avoir à redouter de la justice du roi, et qu'il y a méprise de la part de sa justice.

Tandis que ces choses se disaient à l'entrée du jardin, Éloi, qui d'une fenêtre voyait qu'il se passait quelque chose de grave, sans en prévenir Madeleine, s'était empressé de descendre et d'arriver juste au moment où les exemp après avoir emmené Madelon dans rue, la faisaient monter dans un vieux carrosse.

— Qu'est-ce que ces messieurs vous veulent donc, Mad....

— Éloi, ils ont ordre d'arrêter votre chère Madeleine, et comme c'est au nom du roi, Madeleine se laisse arrêter. Ami, prévenez-en nos amis, afin qu'ils s'occupent de me rendre à la liberté, s'empressa de dire Madelon, après avoir interrompu assez à temps Éloi, pour l'empêcher d'achever en entier le nom de Madeleine.

A ces mots, Éloi, stupéfié, demeura anéanti au point qu'il vit partir et s'éloigner la voiture qui emmenait la femme qu'il aimait, sans proférer une parole, sans pouvoir faire un geste pour s'y opposer.

Quelques minutes suffirent pour rappeler les sens et la pensée du jeune homme, qui alors poussa un cri et se précipita comme un fou dans la maison, en s'écriant :

— Madeleine, on emmène Madelon, on vient de l'arrêter au nom du roi, et à votre place, car c'est vous ! vous à qui ces hommes en voulaient !

— Mon Dieu ! qu'ai-je donc fait ? Pourquoi cette nouvelle rigueur ? s'écria Madeleine effrayée.

— Parbleu ! encore une gentillesse de votre vieux sournois de comte.

— Éloi, courons après Madelon, car

je ne puis accepter son généreux sacrifice; c'est à moi de me livrer, à moi de rendre Madelon à la liberté, au bonheur! disait Madeleine désespérée, la tête perdue, en essayant d'entraîner avec elle Éloi, qui la retenait.

— Madeleine, laissons notre amie achever son œuvre généreuse, Madelon qui s'est livrée pour vous sauver, vous donner le temps de fuir, et à laquelle il sera facile de se faire libérer en se faisant connaître, Madelon, enfin, qui m'en voudrait si je ne secondais son dévouement et vous livrais à la haine de vos ennemis.

— Quoi! Éloi, vous exigez que je laisse lâchement souffrir celle que vous aimez, que je la laisse languir dans la prison qui m'est réservée, enfin! que je sois sans cœur ni pitié? Jamais! non, jamais! plutôt mille fois vivre, puis mourir derrière les grilles d'un cloître ou sous les verroux d'une prison, que de souffrir que la seule et véritable amie que Dieu m'a envoyé pour me consoler, me tendre une main secourable en un moment de détresse et de désespoir, soit tyrannisée pour moi.

— Madeleine, ainsi que vous j'aime trop Madelon pour la laisser souffrir longtemps, mais comme ce qu'elle vient de faire est sa propre volonté, comme elle ne court aucun danger et qu'elle ne peut tarder à m'être rendue, oublions-la un instant, pour ne nous occuper que de vous.

— Quoi! mon ami, vous exigez...

— Que vous quittiez à l'instant même cette maison, où vous n'êtes plus en sûreté, car si l'erreur était reconnue on pourrait revenir vous y chercher. Or, suivez-moi sans plus de retard pour venir occuper ma modeste chambre, où personne, je vous le promets, n'aura la pensée de venir vous chercher, où vous vous tiendrez cachée, tandis que j'agirai, afin d'apprendre au juste d'où part le coup qui vient de nous frapper et le motif en vertu duquel on exerce envers vous cette nouvelle rigueur... Allons, Madeleine, pas d'hésitation, le temps presse ; partons vite !

Madeleine cédant aux instances du jeune homme, se prépare pour la fuite, et remet d'une main tremblante à Éloi tout l'argent et les bijoux qu'elle possède, suivant en cela le conseil du perruquier, lequel, bien convaincu qu'on ne peut vivre de l'air du temps, trouve qu'il est fort prudent de ne point s'embarquer sans biscuit.

Madeleine se voile le visage, passe son bras sous celui du jeune homme, et tous deux quittent d'un pas rapide la maison dont Éloi a eu le soin de fermer toutes les portes et d'emporter les clefs, ainsi qu'un fort gourdin dont il comptait se servir afin d'écarter les obstacles s'il s'en présentait sur leur passage. Cette dernière précaution fut de toute inutilité, car qui que ce soit ne s'opposa à la fuite de nos deux jeunes gens, qui d'un pas rapide circulèrent d'une rue dans une autre, passèrent les ponts pour aller s'arrêter rue de la Harpe, où était située la chambre d'Éloi, dans une maison d'assez triste apparence et au cinquième étage.

FIN DU TROISIÈME VOLUME.

Argenteuil. — Typ. WORMS et Cie.

En vente

UNE FEMME A TROIS VISAGES

par CH. PAUL DE KOCK, auteur de Monsieur Cherami, Monsieur Choublanc, la Mare d'Auteuil, Cerisette, une Gaillarde, etc.

L'AMOUR AU BIVOUAC

par A. de GONDRECOURT, auteur de le Bonhomme Nock, le Prix du Sang, la Vieille Fille, Une Vraie Femme, etc.

LES MARIONNETTES DU DIABLE

par XAVIER DE MONTEPIN, aut. de les Viveurs de Province, la Maison Rose, l'Auberge du Soleil d'or, les Bohêmes de la Régence.

LES YEUX DE MA TANTE

par EUGÈNE SCRIBE (de l'Académie française), auteur de : le Filleul d'Amadis, etc., etc.

LE DOUANIER DE MER

par ÉLIE BERTHET, auteur de les Émigrants, la Bête du Gévaudan, les Catacombes de Paris, le Garde Chasse, le Garçon de Banque.

LA BELLE AUX YEUX D'OR

par Madame la Comtesse DASH, auteur de les Cheveux de la Reine, la Maison Mystérieuse, la Fée du Jardin, la Dernière Favorite.

LES PRINCES DE MAQUENOISE

par H. DE SAINT-GEORGES, auteur de l'Espion du Grand Monde, un Mariage de Prince, etc., etc.

Paris. — Imprimerie de P.-A. BOURDIER et Cⁱᵉ, rue Mazarine, 30.

www.ingramcontent.com/pod-product-compliance
Lightning Source LLC
Chambersburg PA
CBHW060637170426
43199CB00012B/1587